记忆文丛

王林日记辑录之一

我与孙犁四十年

王林 ◎ 著

王端阳　冉淮舟 ◎ 编

山西出版传媒集团　北岳文艺出版社
·太原·

图书在版编目（CIP）数据

王林日记辑录之一：我与孙犁四十年 / 王林著；
王端阳，冉淮舟编. — 太原：北岳文艺出版社，2019.1
ISBN 978-7-5378-5757-4

Ⅰ.①王… Ⅱ.①王… ②王… ③冉… Ⅲ.①孙犁（1913-2002）-
人物研究②孙犁（1913-2002）-文学研究 Ⅳ.① K825.6 ② I206.7

中国版本图书馆CIP数据核字(2018)第257582号

书　名：	王林日记辑录之一：我与孙犁四十年	著　者：王　林
		编　者：王端阳 冉淮舟
策　划：	续小强 张　丽	书籍设计：张永文
责任编辑：	张　丽	责任印制：巩　璠

出版发行：山西出版传媒集团·北岳文艺出版社
地　址：山西省太原市并州南路57号　邮编：030012
电　话：0351-5628696（发行部）　0351-5628688（总编室）
传　真：0351-5628680
网　址：http://www.bywy.com
E-mail：bywycbs@163.com
经销商：新华书店
印刷装订：山西人民印刷有限责任公司

开本：880mm×1230mm　1/32
字数：105千字　印张：6
版次：2019年1月第1版
印次：2019年1月山西第1次印刷
书号：ISBN 978-7-5378-5757-4
定价：42.00元

本书版权为本社独家所有，未经本社同意不得转载、摘编或复制

王林于 1950 年初

马雅可夫斯基盘像

马雅可夫斯基盘像背面

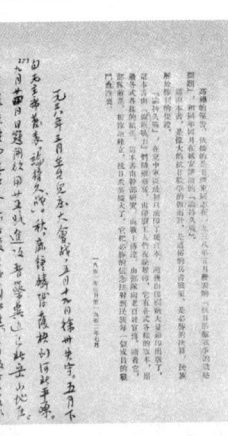
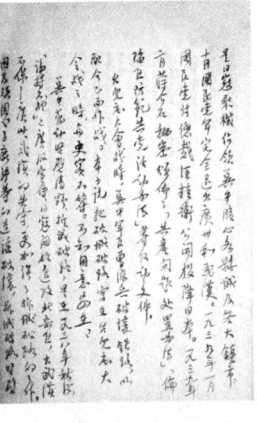
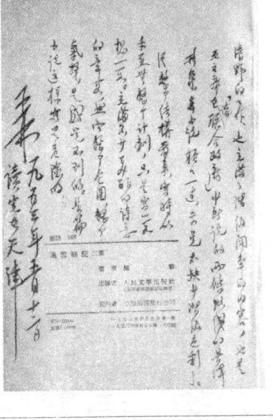

《风云初记》批注

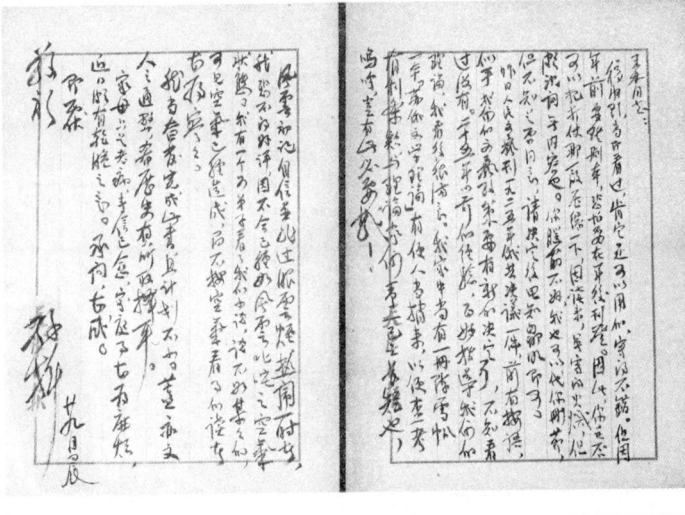

孙犁致王林信

Лев Николаевич Толстой на пашне
Тушь, кисть, перо, 1887 г.

孙犁赠王林的画

前言

冉淮舟

在辑录这本书的时候,我想有必要简略地说一说王林、孙犁这两位文学前辈。2009年解放军出版社出版的七卷本《王林文集》,我有幸校阅三卷,即《幽僻的陈庄》《腹地》和《抗战日记》。在所写《〈王林文集〉校读记》一文中,记下了这样一些话:

20世纪50年代初期,在我上中学的时候,虽然王林受到严重批判,但他仍然是我最敬重的作家,长篇小说《腹地》和短篇小说《十八匹战马》,仍然是我最喜爱的作品。当我走上文学之路后,对王林的主要作品,几乎都写了评论文章。实事求是地说,由于对王林的错误批判,不仅影响了他对自己的文学殿堂的建造,而且也阻隔了广大读者对其作品的欣赏。

我曾在一次讲学中提到,《十八匹战马》是反映第二次世界大战的经典短篇小说。听讲的人可能都没看过这篇作品，于是有人找来读了，立即上网说我的评价恰如其分。我的意思是说，人们对王林及其作品知之甚少。因此，当《王林文集》出版后，看到的人都非常惊讶：原来王林写了这么多这么好的作品，了不起！

王林是冀中抗战文学最有成就、最具代表性的作家，他和孙犁、梁斌同志一样，都做出了重大的贡献。而且，就反映抗日斗争生活的真实性来说，无论是在冀中，整个敌后战场，还是正面战场；或者说无论是解放区，还是国统区，我想还没有哪一位作家可以和王林相比，其作品可以和王林于1943年在地道里写出来的长篇小说《腹地》相比。

在我的心目中，是一直把王林和孙犁并列的。只是在过去，我主要是看到了他们的相同之处：都是出生于冀中平原，都是参加了家乡的抗日战争，都是随着征战的路走上文学的路，都热衷、执着现实主义，都在文学创作上取得了辉煌的成就。而且，他们的作品都受到了批判。对王林长篇小说《腹地》的批判，可以说是毁灭性的，罪名是写了阴暗面，丑化英雄人物和党的领导。孙犁的主要作品，长篇小说《风云初记》、中篇小说《村歌》《铁木前传》，短篇小说《荷花淀》《琴和箫》《秋千》等，被斥为小资产阶级情调，脱离斗争的旋涡、阶级界限模糊等等。用孙犁自己的话来说，他的作品在很长时期，一直处于风雨飘摇之中。

应该说，王林和孙犁，他们的作品是异曲同工。现在，我则常常想到他们的异曲之处。有一位评论家，

前言

他在高度评价孙犁及其作品时，说是解放区作家、作品的"另类"。这个说法，暂不论是否科学、恰切，但我认为是有一定道理的。因此，这里我要借用一下这个词语，王林及其作品，也可以说是解放区作家、作品的"另类"。当然，这两个"另类"并非属于同一类，而是有着不同特点的。

王林和孙犁的作品都写得很实，所写人物形象，在现实生活中几乎都有原型依据；所写故事，也多半都是现实生活中发生过的。但王林的现实主义，是逼近生活、酷似生活，是生活的原生状态，是人性和人情的丰富性和复杂性，追求的是社会生活的真实性；而孙犁的现实主义，则由于洋溢着浪漫诗意的情调，给人一种空灵的感觉，是单纯的人性美和人情美，追求的是艺术美的极致。

因此，我认为，王林现实主义的贡献，主要是在社会价值方面；而孙犁现实主义的贡献，主要是在美学价值方面。

1938年春天，王林和孙犁在安平冀中军区相识，因为都从事抗日的文化宣传工作，成为战友和伙伴。1939年春天，组织上调孙犁到晋察冀边区去工作，就是由王林到七分区对孙犁传达了这个指示，并代办了过路手续。1941年秋天，孙犁回冀中探亲，王林留住了孙犁，帮助编辑《冀中一日》。这一工作完成后，根据王林建议，孙犁写作了《区村和连队的文学写作课本——给〈冀中一日〉的作者们》，就是后来的《文艺学习》。直到1942年春天，孙犁才回到晋察冀边区，用他自己的话说，这一次"和王林相处很长一段时间"。1943年1月，晋察冀边区召开参议会，王林是冀中区选出的代表，却未能路过出席会议。孙犁以记者身份，写了《二月通信》，这是写给王林的一封公开信，发表在《晋察冀日报》的文艺副刊《鼓》上。1944年4月，王林因事去晋察冀边区，孙犁家里托他带些钱给孙犁，却未能办妥，王林特意在4月29日这一天的日记中记下："孙犁去延安了，真糟！他的钱也没来得及给他。"1945年10月，孙犁从延安回到冀中区，和王林会合在冀中文协一起工作。1949年1月，他们一起进天津，虽然未在同一单位，但做的都是文化方面的领导工作。

王林1984年7月病逝，他和孙犁密切交往将近半个世纪，在他的日记中，关于孙犁的有二百七十余处，把它们顺时辑录下来，可以视为王林撰写的一部独具特色的与孙犁久远的、深厚的、诚挚的、亲如兄弟的友谊和他们所经历的几个时期的生活；对于孙犁的人生及其作品的研究，提供了难得的、大量的、鲜为人知的第一手材料，不仅可以匡正已有研究成果的一些谬误和错讹，也为以后的研究提示了一些新的切实的课题。

王林的日记，从1937年5月开始，到1984年7月终止，除了抗日战争期间有一些缺失，大部分都保存下来了，约计三百多万字。这无疑是一件幸事。再就是，王林的家人，儿子王端阳、女婿杨福增，经过几年的辛苦劳动全部整理出来了，并且以各种形式陆续发表和出版，已经引起海内外人士的关注。我辑录的这本书，实际上是和他们一起完成的。尤其是端阳，不仅出了一些好主意，还认真地审阅了整部书稿并做了订正。为了便于一般读者阅读，也为专家学者提供资料，我做了一些注释。希望得到大家的认同、批评和指正。

最后还要说明一点，辑录这本书，是对我所敬重的这两位前辈作家的深情感念，他们生前对我人生的教诲和对我写作的指导，是永生也不会忘记的！

2013 年 12 月 31 日于北京莲花池

目录

1938 年	1
1939 年	2
1944 年	3
1945 年	6
1946 年	9
1947 年	23
1948 年	29
1949 年	33
1950 年	38
1951 年	43
1952 年	47
1953 年	52
1954 年	58
1955 年	67
1956 年	72
1957 年	76
1958 年	80
1959 年	84
1960 年	85

1961 年	87
1962 年	89
1963 年	92
1964 年	95
1965 年	97
1966 年	100
1967 年	106
1970 年	107
1971 年	112
1972 年	114
1979 年	118
1980 年	121
1981 年	124
1982 年	126
1983 年	132
1984 年	137

附录：

介绍孙犁的《白洋淀纪事》	141
《白洋淀纪事》的艺术风格	154
一封难忘的信	160
孙犁给王林的十封信	164
王林在《风云初记》后的批注	174

1938 年

10 月 24 日

孙犁同志对《怒潮》①的批评：

第一幕对话太多，而宁明指出"变态心理"之处太多。

---

① 《怒潮》，王林所写反映西安事变的剧本，宁明是剧中女主角。

1939 年

4月12日

据孙犁从军区①来说，一二〇师战斗剧社技术非常好，因而引起冀中区火线剧社的复活。男女关系也改变了，故现在各处小闲谈中无不是这类艳事。后敌增援包围夜间冲出围线时，各团体无战斗力者不下两千多人，有的坐大车，有的骑自行车，有的推小车，有的骑马，有的骑驴，行动一点也不守军纪，而且很慢，一二〇师二团掩护着。

---

① 军区，冀中军区。1939年1月，贺龙率一二〇师一部从晋西北来到冀中扩充部队，帮助冀中部队作战，推动、影响冀中部队正规化进程。同年8月，一二〇师去执行新的任务，部队陆续离开冀中。齐会战斗共歼敌七百余人，这是敌人自进攻冀中平原根据地以来最惨重的一次失败，极大地振奋了冀中全体军民。一二〇师离开冀中的时候，已由来时六千四百多人，发展到两万一千九百多人，扩大了两倍多。

1944 年

1月26日

1943年5月间我为联系敌伪工作事来沧石路北，见到时达和王乐天，同地区队活动。

在我未来沧石路北前，3月间我刚完成了我的《腹地》，在胡家堂见到了王向辰的老婆，她刚从路西归来。她说刘毅还等着我呢，并且在军区首长请抗属干部时，刘毅也去了，请单上括弧内写着我的名字。我当时甚为惊异。回家后立刻写信给周小舟①和刘毅,声明我们俩的关系绝不会有前途,她承认那关系是不好的。后在《团结报》社见到《晋察冀日报》上孙犁给一个未参加议会的边区参议员的一封公开信说我的爱人刘毅如何如何。后来听时达同志说,孙的意思是为了巩固一下我们的关系。

---

① 周小舟,时任冀中区党委宣传部部长。1943年1月,晋察冀边区召开参议会,王林是冀中区选出的代表,却未能到路西出席会议。孙犁以记者身份,给王林写了一封公开信,即《二月通信》,发表在《晋察冀日报》的文艺副刊《鼓》上,报道晋察冀边区召开参议会情况。信中写道:"今年正月,我在这里参加了这个大会,当作一个记者参加了。你没有来,别人说你像孙悟空一样跳到妖魔的肚子里去了,你的工作是扭断敌人的肚肠,所以,就不能放手来了。也好,来了你的女朋友,在讨论'双十纲领'时,她发了言,那样干脆而漂亮的发言,使一些老年人也为之鼓舞了。她能够代表冀中平原青年妇女们的那种可宝贵的活泼,又有些矜持的可亲爱的精神。我用从小在平原上长大的经历来评判,她的发言,使我的故乡的邻居姐妹们,在这个大会上扬眉吐气了。"

1944年

4月29日

孙犁去延安了,真糟!他的钱①也没来得及给他。

---

① 1944年春天,王林由冀中区到晋察冀边区参加学习,孙犁家里托他给孙犁带些零用钱。结果,当王林到达晋察冀边区时,孙犁已经去延安了。

1945 年

10 月 24 日

桂欣今天来了,她来找我。我方从孙犁家①回来,村干和教员翟似乎在暗暗研究我们。

12 月 2 日

孙犁从延安回来了!不但他父母妻子激动得抱头大哭,连我也激动得一时什么也干不下去。

孙说延安那里缺乏描写敌后的东西,缺得要命,可是敌后为何无人管这些事呢?孙犁写了《五柳庄纪

---

① 孙犁家,安平县东辽城(今孙遥城)村。

1945年

事》①与《白洋淀纪事》②,甚受欢迎。张家口电台上每日广播。

12月2日

昨孙犁看见桂欣,说对象非常合适。但今晨见她时,忽然冷淡甚……她又声明不是讨厌我,她又说叫谁说我们能行呢?我说昨日孙犁见了你即极力鼓动我追你,非常合适的对象。我又说和你姐商量吗?她又说,和人家商量干什么!说到孙犁如何赞成这事时,她方才那怒焰才稍减……

12月15日

昨夜我找她去,将刚从孙犁处借来的《出了象牙之塔》中的诗三篇叫她读了一遍,又叫她写黄城③荣抗合作社的通讯稿。写后她送我出门,多美的月亮,月亮还没有圆,我们的爱情正如上弦的月亮,一日日地

---

① 《五柳庄纪事》,孙犁1945年4月写的《杀楼》、6月写的《村落战》,在《解放日报》发表时,原有副题"五柳庄纪事"。

② 《白洋淀纪事》,孙犁1945年5月写的《荷花淀——白洋淀纪事之一》、8月写的《芦花荡——白洋淀纪事之二》。

③ 黄城,与孙犁家东辽城相邻的一个村庄。

在向圆处发展。

12月30日

孙犁又从军区①回来,他到蠡县参加一个工作团突击一个村庄。

天气真冷。

---

① 军区,冀中军区,驻地河间;回来,孙犁从那里回到东辽城家里来。王林那时仍在安平一带工作。

1946 年

1月1日

今日元旦，晨起空气并不寒冷，但终日阴森，傍晚下小雪。孙犁来，吃饭时叫桂欣来，但不吃，强拉也不行。后刘湘吹嘘他的女婿如何聪明，他如何帮助他上中学。我即问孙犁：你也快以门婿为吹嘘的谈资的时候了。孙犁说可不，已经十一①，还过几年？桂欣闻之哗的一声，表示惊异，十一的都快，她十七八的还能久了？我向孙力举她的优长，我历来的认识关系，如何最合理想的对象时，她叫孙给我介绍一个。我说我这一辈子再也找不到比这个更合适的了。我又说我从要求阶段转到善求的阶段来了，于是我给他们描写我们那一带求雨震马匹的求雨方法。

我公开说我在追求她，又说最合理想，我估计一定发火或者生气去了，但并不如此，只是含羞不敢抬头看人。我心中好生喜欢，这即等于默认我们现存的

---

① 指孙犁的大女儿十一岁。

恋爱关系了。后她摸兜，我估计她要找钢笔写字，即将我那支给她。她在纸上画来画去，心中有事，像要给我写条，又像要给孙犁写条。我看出这心情后，我也趁机会要求孙犁给我们介绍一下，她也没有拒绝。她问他今夜走不走，他说走。老孙也看出她有话要同他谈一谈，他即说到她学校里看一看。他们走时，我说"上天言好事"，老孙含笑而去。他们去后我心里想，只若她肯同别人商量此事，就不是拒绝我的表现。

孙犁回来说我方式不好，挤得太凶，她还太嫩接受不了。晚上老找她，不合适。说我说话有时太呛人，态度方式不好，如吃饺子时那种强拉硬推劲，当着刘湘实在不好。并没有说两人没有可能的前途，只是问行吗？老孙说怎么不行。她又说岁数太小，孙说可以等一两年啊。她又问他肯等吗？孙又向她解释我们这些人在外奔波这些年，难免性急。

孙这次谈，对她影响小不了，上次她说叫谁说咱们行呢？我就说孙犁看着就很合适，当时她即表现悦色。虽然她立即又矛盾地说，问人家干什么。这次孙犁写条叫她来，她可能即想到孙要同她谈这事，然而我们倒是临机应变叫孙做媒人。

她看了登在《晋察冀日报》上孙犁的《麦收》，说那青妇部长年岁太小，用担架抬麦子……孙说在延安即有人提出青妇部长不过十七不能当，以前还在儿童团。

孙犁的父亲曾说过王炳辉被抓后也不给说情，对得起振海了吗？这次我告诉他说王一仁攀上他。振海

1946年

回去告母,母半夜即醒,一早即找二叔家去说振华事以至叫人咬上了。孙父从祁州归,孙又阻母不要告父,母也说走得怪累的,先喘几天气再说。但夜半孙犁醒来正向母告父此事,谈之且甚长,父立刻咳嗽不止。翌日研究之,在五一前小蒲①死曾为请张玉林与王一仁同桌一餐过,孙犁利用这机会正好向父亲做政治工作,并劝少去祁州故东家,他们皆落后甚。

1月4日

孙犁看了几段《腹地》②,说主角事变前的介绍太少。

1月9日

今天又叫我冷了半截子,她问我孙犁那天还向我说什么了。我说他只是说我态度不好。她说:"没有说无论如何不行吗?他说他可以多等你几年,我说多等也不行,我长短不能同他结婚。"这一下子又叫我冷了半截子!她真的对我如此无情,如此坚决地拒绝吗?

---

① 小蒲,孙犁死去的儿子。

② 《腹地》,王林创作的反映冀中五一反"扫荡"的长篇小说。

1月20日

昨日孙犁来，他写一条邀桂欣今天到他家。今晨刘湘叫她去，我们三人即同赴孙犁家吃他一顿，我估计她不肯去。她既肯同我到他家去，那会增加我们一分感情，虽然她仍向孙犁说我们没有前途，不会成为情侣。可是我们一直到天将黑时她才说回来，情态上越来越亲密深厚，然却口头上非说"没有可能"不可。

3月24日

午间村中国大选举①时，孙犁来。孙犁与欣谈了谈，孙说这次态度好多了，只是说她本来对他没有什么，已不再谈"不行"语，并似乎表示同意跟着我到八中②去。

昨与孙谈，孙说《家长》③无中心，既然当时并未以家长为中心，写时也未想好中心。

孙写羽林小孩英烈故事④，又穿插上尼姑的故事罗曼史，传奇些本无不可，何必一定要死板无味了！蠡县县委杨、梁等认为小资味太浓，不同意。他们认为孙文小资味皆太浓，并言《白洋淀纪事》《麦收》亦如此。但孙言有一工农分子政府干部言看《麦收》感

---

①②③④ 国大选举，当时仍为国共合作时期，解放区也参加国民代表大会选举；八中，冀中一所中学，时在河间；《家长》，王林写的一篇小说；英烈故事，孙犁写的小说《钟》。

1946年

动得流泪。

4月9日

星期日带欣到崔嵬、尹喆、王亢之处玩了一天。一般朋友们对她印象极佳,但批评我对她态度当众人过火——这是和当孙犁那次似的,这一次是勉强她穿鞋。

4月26日

应人从七分区回来了,这人有些令人奇怪,言语前后颇有自相矛盾处。如:上次刚到军区,说与火线剧社某从天津来的新演员不很熟,可是私自找过好几次。那女演员直然说他是特务,到安平与刘煜说了些不三不四的话。孙犁与崔嵬对他印象皆不佳。上次他说茅盾亲送他《腐蚀》二十本,放在天津了,还要带介绍信让我们去取;这次却说另一友人从飞机来给他带了二十本,说带出来给吴砚农了。我一问,又说在天津市内给了吴了,他一定带书分了。

前日抗战八年写作运动委员会开会,拨五十万作为五一文艺奖金。但对出版文艺书刊事,林①毫无反应。我说我写了几篇小说与六幕剧没有人审阅,林连问也

---

① 林,林铁,时任冀中区党委书记兼冀中军区政委。

不问。对写作运动事只是登登报，了不得又写一下而已。对《冀中一日》《伟大二年间》写作运动的经验教训连问一声也不，主观主义与轻视文艺是内心表露于外。

5月5日

孙到十分区，是夜正值政匪袭击电台，现零星土匪集成大股，这倒易于歼之。

5月14日

我相信她是对我真情，她不能比李纳那个恋爱油子。初恋的人情感淡而悠远，再一说，安平的家内与各机关的环境舆论以及军区的人事都与我们善好前途有帮助，在孙犁说不可操之过急的方法上定可有望。我是这样相信的。

5月28日

孙犁同志说他十六日在安平集上遇见桂欣，她远远即看见孙了，但故意往南小街上走去。孙追上问她，她说放了假了。又问我如何，说我在河间，还有路一，却没有让孙犁到家中去坐，好像怕孙犁再做说客似的。从这些小处看来，刘对我基本是不愿意。若是愿意，绝不会内心中这样故意躲着。接近我们，于这事（如心中乐意）绝不会无益处的。孙同意刘对我不愿意，只是在帮助上有些感激而已。但孙不同意我搞大刘①，他说剧团中人情感太游离。他主张搞个乡村二十多岁的，能生产，能跟着跑就行了。

与王涛来室中取手册，谈起大刘来。他说孙犁的论调有道理，大刘今日的心头思想基本上还是年轻貌美问题，她的思想情感还是城市小资产阶级的罗曼史。搞成了也与我无益，她也不会操持家务，每日起身很晚。

6月1日

孙犁同志已来河间，拟到八中教书。

6月2日

与孙犁与简明谈工作，无形中就发起牢骚来，感到老无所养，生活的重量感到压在身上了。不是爱发牢骚，实在不能不对生活有所寄托。据说抗联更苦，晚上都不敢张灯。谈到群众团体干部，冀中一级的尚不如一个县委书记。这当然是党性不纯的表现。但是一个人，不能对自己不有打算。

---

① 大刘，刘燕瑾。

6月3日

今夜同刘通庸看《王秀鸾》①，孙犁说比《白毛女》好，内容好。

6月16日

今晨将《苏小红》写完，较比日记上写的简练得多，而且强调了岗楼上起火的场面。这次写作使我深深感到了用心写与不用心写的区别。一九四二年春也有此经验，最初写吕司令员桑园突围的文章，非常自然主义的碎零。后与吕本人一谈，灵感一发作，一口气另写了写，从头到尾，焕然一新，吕本人看了都很喜悦。这次写小红的经验与那次相仿佛，先写的那样啰唆和没有精彩。张庚说我太随便，胡丹沸、孙犁等说我不注意创造风格，这次可以说对他们一个回答。从此而后要以此为鉴。

---

① 《王秀鸾》，傅铎创作的反映冀中抗日斗争生活的歌剧，火线剧社演出，刘燕瑾主演。孙犁写了评论《看过〈王秀鸾〉》，在《冀中导报》发表。

1946年

6月17日

昨日下午来大堡,在南关收拾车子到了黄昏,她[①]还不愿意走。走到小堡途中,我要求坐一会儿谈。月亮由昏黄——她说一个工农通信员用鸡蛋黄形容月亮,可形象啦……整整谈到太阳出来……孙犁的《碑》在剧社中愣不住地提高很多,一般人认可孙比我成绩大得多,希望我有成绩,她不希望立在自己旁边的人不起眼,要求以后发表文章要慎重,一定要做出成绩来。她的要强心很大。我也其实在为自己的文体而下决心。

6月22日

林铁叫孙犁(我未在家)在"七七"前出一白洋淀日刊,还得不能成为文艺性的。我说太主观,谁写那政治经济文章?

[①] 她,刘燕瑾。

6月27日

夜间在《导报》①社讨论《平原杂志》②,我对此向持否定态度。这一期林政委尚批评太文艺性。他说出文艺刊物是小资趣味。为了灌输科学常识,这期文艺也是剪的《解放》③上的。谈《平原杂志》,农会的说什么矛盾,下边简直不懂。柳西夷先也说不通俗,后又说写的是太好了,但人们看不懂。后又有王静说取稿面过窄,光几个人过劳,不培养新作家。八中文章登出,即引起八中学生很大兴趣。又多提意见说一占两版不好,令下边文化程度低的一见害怕。

7月5日

前日在八中见孙犁的康濯给来的信,说周扬应美国之聘赴美讲学。康濯将孙犁的作品编成小册子,印单行本带美国。丁克辛的《一天》和《村长和他的兵》也被选。秦兆阳的《咱们毛主席真有办法》也被选。但《平原杂志》上的王庆文的一篇未选,我感觉这些人完全以小资的诗意为标准的。例如他们——以贺敬

---

① 《导报》,《冀中导报》。

② 《平原杂志》,孙犁在河间主编的通俗的综合性文化杂志,第一期于1946年7月7日出版,每月一期,共出六期。

③ 《解放》,《解放日报》。

之为代表，喜欢《碑》①而不喜欢王②的《虎口教学》。《一天》不诗意，但令人觉得那主人翁不过是个典型的事务主义者。秦的童话确实有意义。

7月17日

又到孙犁处玩。

饭后找林政委谈对文艺文化工作意见。他说我不应在《平原杂志》座谈会时发牢骚，说泄气话，那解决不了问题。主张先多写短的，好发表，别人容易看。抗战是历史的东西了，今日对美帝、对顽反是目前最迫切的斗争。《前线报》登了两篇胜芳战斗通讯，战士们伤员们可兴奋了。他同意以村剧团地方戏民间艺人为对象很好地动员领导。他也说他知道一个人培养到能写文章不是一两天可以办到的。过去领导上是照顾不到，但也没有叫你们挨了饿。自己不应要求这个。

---

①② 《碑》，孙犁发表于1946年4月15日《冀中导报》上的短篇小说。王，王庆文。

8月24日

今天结婚呀！晨起空气凉爽，日出清丽，倒是佳晨良景。惜有微伤风不快，怕再一喝酒熬夜而加重，得小心。

方寸乱了，今晨改写《蒋介石焚书坑儒》一文，即写不下最后一段发挥了，只可请老孙①代劳。老孙对此能够一挥而就。

10月8日

今夜在我处与老亢②、孙犁、老秦闲谈，言大同未克使战局被动。菏泽、淮阴、承德被克，对全国民主人士影响不小，我们着急苏联为何竟如此袖手旁观！中国革命力量受了大损失，与苏联远东地位也是很不好的啊！小盆来通讯言，攻徐水车站，我团长受伤，政委牺牲了。怀来两次战役，毙死俘顽军五千余，已被迫退后二十里。中央社说离张市三十里，吹牛。

孙犁说周恩来很推崇曹禺，说我们延安尚没有一个比得了曹禺，因此我心中生一矛盾。曹禺一两年写一剧本，在技巧上大可以推敲一下。若是光为了配合

---

① 老孙，孙犁。
② 老亢，王亢之。

中心任务，写适合村剧团的剧本，如何也不能与曹禺相比较。因此我忽然下定决心，将《腹地》整理一下后，赶快去写田香彩，还有比田这人更典型的吗？我今年冬天就住在她村中去算啦。写剧本，还是写小说——小说可能性较大。其他的即帮助大刘将提梅岩搞起。不再找其他的主题。说什么也是假的，在艺术上没有特殊成就，一切都是白费。

10月18日

今傍晚听孙[①]司令员报告冀中紧急动员起来，准备蒋军来犯。回来的道上听孙犁说梁斌接到路一来信说，他与刘桂欣订婚了。

11月29日

昨日与秦兆阳闲溜，遇见吴立人等开会。事前并不知，乃就开会，有李黑、方纪、杨朔、田零。年画投稿中有新俏皮画，我一恍记错了，记了个新街头画。于是想到这形式非常好。今晨问之，才知道错了。但心中认为应该搞一本这个。后与李谈，孙犁同志非常赞同，并说教育意义很大，且报奋勇写打油诗。李黑也正愿，于是立刻就设计。无意中还许弄个历史大波。

---

① 孙，孙毅，时任冀中军区司令员。

12月14日

梁斌由蠡县来信言：下乡一年来，我有一些心得，在处人、办事上，我们文艺工作者与其他工作岗位不同的观点和方法。"真理"和"真话"在社会上是有其不同的角度的，希望你也能有所体念。原则、立场和方法，在作品中如何体现，这只有将作家的情感社会化了，脱离群众感情的创作将是没有出路的。这也是赵树理作品的重要性。

我来时曾和孙犁同志谈过，我觉得冀中文艺界需要集体创作一番，或者可能产生一些作品。

我感觉老斌说的"社会化"是"世故化"，赵树理的感情究竟社会化成分大呢，抑世故化大？所谓"脱离群众的感情的创作"，不知何所指而言？所谓集体创作或可能出一些作品，难道"抗战八年写作运动"不是集体创作？但这运动，梁斌同志却熟视无睹的！另外还有什么集体创作？已成创作，看过几篇几本，就认为没有作品？不免令我感到有些儿党气吓人的派头！自己实际工作一年而一文不写，倒是令人莫解！

1947 年

3月16日

晚饭后与康濯谈,他说看了《十八匹战马》,也感到我的形式和字句旧——当然不像丁玲那么厉害。这问题早在一九四四年孙犁先提出,去年胡丹沸又提出,今日康濯又提出,这可得倍加警惕!康还找《北方文化》再看一看,要找出具体例子给我证明,这可好得很。

6月9日

昨日晚饭后文协小组开会,大家把积存心中多日的很多意见、成见、流言、广播都一气说了出来,倒是很好。流言中这一条真叫我当时沉不住气了,说我那毛大氅是搞土改时弄的胜利果实,说我虚伪,明是弄的老百姓的,而故意说是学生时代自己的。方纪同志即联系到说我脾气不好,也可能是假装的,借以吓人,抖架子。方说不是孙犁说的,未说不是李说的。这来源离不了从辽城①起根。那大衣是我参加黄城土改后从刘桂欣家取出的,在车上时张根生②即疑为黄城的,所以后来他与县长到了黄城各人弄了一件。我这件大衣在北平时有黄敬、周小舟等人见过可证明。我在黄城可说一个小钱的事也没有敢动过。

从方纪口中,虽然我个人觉得和他们是莫逆。方纪口中学说他们对我摇头,好像不值一谈,又好似觉得冀中文艺界谈不得,也是因为有我故。有意见不肯明对我谈是可能的,但对新从外来的方即畅所欲言,令人惊异。

今日继续开,该轮到检讨我了,我很希望别人多提,不容情地提。假客气并不能解决问题,是非真正弄清楚了才能解决思想问题。

6月10日

丁玲上次在文座会上说来冀中拜码头。方纪即引申此意,说我好像冀中码头上的老头子,谁来这码头不先拜老头子就得先压一下。那天吵骂就是压他一下子的表现。秦兆阳说了后找不出具体名词来,方说是好像受气媳妇,又说我是家长领导。这些批评很值得永做座右铭。但文艺人的作风有时也叫我着不得撞不得!比如去年秦画封面不像猪不像刺猬,当时我一提

---

① 辽城,又分几个村,孙犁家东辽城村即其一。

② 张根生,时任中共安平县委书记。

意见，他气焰很盛，我也不敢再说下去。后来印出，群众反映很不好。结果谁吃亏呢？此次到安平工作团写的稿，登的一两篇，受打击甚。如果不以面子为前提，则早受痛苦，省得今天受痛苦。

无论如何应该深刻反省与日后高度警惕，不再动不动发火。孙犁、梁斌、路一这帮人对自己尚如此印象不好，别人还如何能说好？光从主观上好心有什么用？比如，去年做衣裳，老秦要做军衣，我说做便衣。

方纪引证联大有人说我的《腹地》是"不护自己的事业（指冀中根据地）"，说我，"干了一辈子文艺，将近四十岁的人了，还没有赏识，我替他悲哀。"这些话真使我如刀刺心。

秦说我不能团结人，别人也团结不了你，跟什么人也处不好，这批评甚深刻。可是细看起来，我与人争，是否因为原则问题？人情世故，方式需要曲折，领导者与被领导者应有不同。反省，反省！慎言！

7月24日

张朴说部队上对崔、孙、我[①]，不上战场，不为兵服务，意见可大啦。我们也知道这个。我也一点不生气，明摆的事。可是实际问题解决不了，如何能脱开身呢！成天忙得不可开交，连学习快顾不得啦！

---

① 崔、孙、我，指崔嵬、孙犁、王林。

7月31日

肃宁一般干部对我印象是我那篇叫孙犁、梁斌认为太不慎重的小文章《冀中是藏龙卧虎地》。

8月6日

小王村②评议时,中农提议将一切胜利果实划出价来,谁乐意买就买,而后再分钱。一个贫农说:"着你一说,俺们算不用翻身了!"将胜利果实折卖,赤贫户无钱收买,那只便宜了富农中农和有浮钱的小商人。

昨夜参加贫民小组,开会选择对象。工作团同志的革命热情可敬,但对于培养贫民成主人翁,一切帮助群众的精神太不够。老孙说他是青沧一带区委,原天津手工业工人,出来工作才一年多,工作热情极高、拼命、不怕辛苦、不顾群众疲劳、一开会就比别人晚。因为热情过高,所以容易走上包办、命令。

---

① 小王村,属博野县。孙犁在这村参加土改工作,写了散文《随感》《王香菊》《香菊的母亲》《诉苦翻心》和小说《浇园》。

1947年

8月9日

孙犁参加这村复查,只是给工作团整材料,做总结。苦恼,又不愿在报社工作。听方纪说东北如何好,哈尔滨十二个报纸等,想去。在冀中无事可做,当区干部当不了。我解释一番,又谈自己如何也不离开冀中。东北文化机关越多,去了越会关于机关里下不去,那更写不出文章来。他又动摇了。

8月11日

同孙犁到青年妇女骨干王香菊家看了看。香菊长得也很叫人喜欢,又端丽又温和。她娘泼辣。她父亲岁数大,一言不发。在她家我才听说刘老观分家四五年。儿子中有顽伪军。那次参加中农组,有人说他家分了很多年了,可能是他本家。于是别的中农也不好意思当面得罪人,中农就是这一点不应起领导作用。

9月13日

憋了很久,想造一个故事,表现这次复查群众路线的作用。想了很久,才在十一日想出《夜明珠》这故事,与胡苏、尹喆、傅林、老亢、老杨、孙犁、大刘、陈述、丁冬等谈过。为了赚钱,我又于昨日和今日把它写成通俗小说。近万余字,累坏我了。

11月9日

今天朱自强过此返黑省,祖母病,说孙犁到博野小王庄一带考查那里集体农场去了。他说风行甚广,参加者甚多。我当即主观地说在今天复查,人心浮动中,一定有不少富农或中农愿意参加,参加了可以少被斗争。这正表现人心浮动之甚。他说旧农庄是有地主富农掌握,贫农也为了将来多分些地。二者心不同,而一时利害结合在一起。他又说新农庄不同,旧的要垮,新的要发展下去。我说在战争期,军属、荣军无劳动力者增加,需要组织起来,但是没有拖拉机新生产力时——没新生产力,即不会有适合新生产力的生产关系。组织起来的思想应开展,但不能全如想得那般简单。

1948 年

2月26日

二月二十日《晋察冀日报》登了联共中央关于《伟大的友情》的决定，将流行在苏联的形式主义和受颓废资产阶级恶劣影响的反古典优秀传统，予以坚决打击，而对于接受伟大的古典作家传统，使之成为各个时代、各个国家古典音乐中优秀作品的真正继承和发扬者，强调了民间歌曲与人民生活情感的结合。这事叫我想起一九四一年在山上文联俱乐部时，孙犁和田间强调创造新形式，我即说古典作家的高峰，我已观止。

6月25日

上午孙犁同志来，说开封拿下，歼俘敌三万多。蒋贼乘飞机亲自绕开封一周去哀悼！伟大的胜利，伟大的讽刺画！开封同洛阳是古都，国际影响极大。如再将郑州攻克，则全国局面又一新！

他据胡苏说文学院取消，文艺一切由文协和戏剧联合会领导。他也不愿上山。

6月28日

昨在杨循处听小广播,说组织有大变动。地委一级取消,区党委划小,直接领导县和受中央局领导。我一听非常拥护,而且客观事实必要。同时想到《人民日报》创刊词上也说到后方要适当地精兵简政。正纳闷(因据说区党委宣传大扩充),忽听此小广播,前后印证,不会错的。早先我即打算向中央局文委提议,文艺工作者直属中央局领导,否则各区党委宣传部无法领导与照顾。今闻此,更加强此信念。

三十日上午在区党委开会,讨论文协生活与工作。需要考虑一下,同时,暂时的与永久的文协①工作,需要向周扬提一意见。正在合并,各种工作重新布置的时期,而且自己又是文委,不应光挂名与背后发牢骚。草一信稿。用个人名义提出,在三十日给文协同志们念念,同意时他们即附署,否则个人提出,个人负责。

---

① 文协,冀中文艺工作者协会,1946年10月15日成立,王林当选为主任,崔嵬当选为副主任。

1948年

9月17日

将故事①穿插与孙犁同志谈,孙说时间太长,中国小说都是横断写法,小说应与历史不同。给王福禄说了说,王说赵中与宋的性格应更突出,赵的阶级立场应更明确。宋妹的中心思想为何?王这些意见对我作用甚大,使为故事而故事的穿插起了大变化,对女的关系也有大变化。施以阶级明确心理,于是改定以赵中为中心,而与宋兄妹的关系是偶然相遇(因走着两条不同的道路),以赵烘托出冀中解放区的历史过程,利用历史过程渲染出赵中一个贫农青年的阶级意识发展史。书名不叫《孤胆英雄》了,就叫《平原上》,但重写《平原上》时期应是未来事。

---

① 王林在9月13日的日记中写道:"昨天又利用卢朝中做模特儿写了个《新平原上》的故事。将他那个富农干哥,发展成地富典型代表,再加上他一个胞妹,与赵闹一串恋爱,离合悲欢的故事。利用这个故事将抗战迄今冀中变化的历史勾引出来。以二男代表两个阶级两个路线,以女为穿插,利用她的浪漫史吸引读者。国共隐蔽斗争是很多的。"

10月24日

远千里说看了孙犁同志的《播种者》①一文,心中油然生出"崇高"之感,对我刺激甚大。但胡丹沸不同意,他说孙文缺少冀中味,不像冀中人写的。我的文冀中地方色彩浓。总之孙心理沉毅,而我则轻世玩世。戒之!

---

① 《播种者》,即短篇小说《种谷的人》,文末自注:1948年7月27日,载1948年6月12日、17日《石家庄日报》。

1949 年

1月21日

今上午启程,午间一二时到《天津日报》社。

进入津市前,外围尚有地雷没有起完,西北城角街上热闹得很,小摊在马路上乱卖,电车行驶都很不容易。孙犁谈克服后翌日他们来津,道路更拥挤,几乎被马挤到水里,方纪就差一点儿踏在地雷上,叫担架大怒。道路那时挤得厉害,孙说从西沽挤到报社,几乎走了五个钟头。

3月25日

黄[①]说冀中复电了,可留我在津工作。可是他又问方纪回冀中,孙犁可代方工作。我才知冀中是要换回一个,这样一来,方纪一定说是我仗门子硬留下天津的。不好!

---

① 黄,黄敬,时任天津市市长。

4月7日

晚饭后到《河北日报》社,同远千里谈了会儿。远说《私生子》①写得严肃朴素,但不如《十八匹战马》②《一头牛四条腿》③写得好,感情上起波澜。又说孙犁同志将女人写得那么美,动人是动人,但有些病态(指作者的情感上)。远不同意我们往党外报上投稿。他又说党报政治水平比他们高得多。我问他:"他们不看也不登,投别的报是否比压起来好呢?"他又答不出,认为那样当然更不对。

5月14日

孙犁同志《互助组》④第一篇只看了一半,就感到踏实,人物也生动。欧阳山的《小伯温》今晨读完,却感到小伯温是个有点油子味道的人,其根本力量似乎令读者莫名其妙。

---

①②③ 《私生子》《十八匹战马》《一头牛四条腿》,皆为王林的短篇小说。

④ 孙犁的中篇小说《村歌》,分为"上篇互助组""下篇复查以后",上篇前九节,以《互助组》为题,发表于1949年5月6日、12日《天津日报》;十至十三节,以《抗旱》为题,发表于1949年一卷一期《劳动文艺》。

1949 年

6月21日

今晨将《红色纪念塔》赶完。受到孙犁同志的批评,用字注意了,不敢再图省事用成语旧语汇,所以写起来吃力多了。同时,净做机关工作,写宣言写计划大纲,用成语套语成了习惯,群众语言疏远了,危机也!

6月22日

昨孙犁同志转来康濯便条说对《腹地》意见是最高要求,如作者不修改也可以。又说还没有看《新儿女英雄传》[①]。

6月28日

晨在胡苏处看《十八匹战马》,在土里土气语言中,突现出"苍茫的夜色"字句,陈旧的感染,可不调和,可给人印象不好。孙犁、胡丹沸等同志提出的,正是此病。《腹地》晚出版也有好处,可立改此种缺乏创造性的偷懒的形容词。

[①] 《新儿女英雄传》,孔厥、袁静所写反映冀中抗日斗争生活的长篇小说。

7月2日

孙犁来了,晚间又回去。说《红色烈士塔》交稿了,他说:"我真佩服你的原则性,这故事我写就糟了,那老婆真是惨得很。"

9月18日

前天开文协筹备会,见到孙犁同志,他说深县高植同志很关心《腹地》的出版。又说,对文代大会很感兴趣。

10月10日

孙犁同志在那篇批评文章以外对《腹地》的意见:辛大刚当作一个感情抒发、寄托希望,作为一种力量教育别人尚可,但不够血肉和活生生的。这一点就不如辛广德、二强。长辛店一段,非常无力量和抽象。

辛保发的开油坊,缺乏鲜明的态度。

八十页以前枯燥无味,大"扫荡"以后,最后几十页也不如中间吸引人。白玉萼给人的印象并不深,白母倒是给人的印象极活极深。他看时对范世荣的印象,时时感到像S。

孙又说最深刻的一段是范世荣在老伴临死时那一夜计划,文字也极流利。可是令人对范再也好不了。

1949年

11月21日

那天将剧本《提高一步》与孙谈,他听了说:骚乱场面你很喜欢写,是不是这样子?情感面是不是大?连对《月亮》也有此感觉。但把剧本叫姚行义、赵寄平这些剧人看看,又主张力量再大些,即骚动些。

星期六康濯来。昨文协成立会上他到。晚请他吃了顿饭。今天孙犁请他。我打算把《一个女人》交他设法出版。

12月25日

草完《天津工运史话》第一章,题名《播种》,可能在本周《文艺周刊》上发表。

今日午读者书店招待我们,孙颇鼓励我写这东西。对《月亮》,说要注意不可因此引起不必要的批评和打击。他说他因冀中"反客里"空反了一下,迄今情绪受影响。

他写的《白洋淀》电影脚本寄回来了。因为史东山以《新儿女英雄传》拍电影,其中有白洋淀。凌风[①]信上说以悲愤的心情给你寄回去。这种事真是很难叫人心平的。

---

① 凌风,即凌子风。

1950 年

1月15日

昨晚黄、刘①招待劳模。见张逢时同志,他说那次茅盾来,他问中国作家,茅盾说:"孙犁,《王贵与李香香》的作者李季……"说完了他俩,才接上说了一句,"当然还有赵树理,这些人都有了自己独自风格。"后来才又添上"老作家丁玲"等的名字。

1月21日

晚到孙犁处,他的老婆躺在炕上,他坐在床上,孩子围着玩。他说北京批评康濯净赶任务了,这样下去是否可惜?连陈企霞都有此说,所以使康也苦恼。可是这意见只能在背后暗流,正式做文章没有人敢。

---

① 黄、刘,黄敬、刘子久。刘子久,时任全国总工会文教部部长。

1950年

今天文艺界就是这二重性着呢，一是在报纸上刊物上的官样文章，一是暗流中小广播的意见。孙对自己的创作也感到苦恼。不外几个女孩子，不过换个名字算啦。他想打出这圈子去。我感觉他这话倒是很深刻的自我批评，同时也是往前跃进的开始。

昨天登在《文艺周刊》上的小说作者刘占岛，原来是《导报》①上的勤务员，现在百货公司秘书室工作。登了他这篇《变》后，可兴奋极了。这才是真的新时代作家的出世。原稿被另一新参加编辑的编辑看了，大加批评，说这是暴露，提老干部不好。孙才纠正过来发表。

2月17日

晚饭后拟同孙犁同志找尹喆谈，但尹未归。回孙妻住处闲扯一会儿，拟早睡觉，以享放假之乐，不料回到家就九点半了。别人的快乐是跳舞，我则认为早睡早起，写好我要写的文章，即我之最大快乐和幸福。

今天物价波动甚大，在医院听说昨五福布二十八万，今则三十八万。老孙买烟，昨千六，今则三千三。又成直线了。

---

① 《导报》，《冀中导报》。

5月15日

那天应景写了一短文《纪念史沫特莱女士》。孙犁等说不坏,有感情。后见茅盾和杨刚的文章,才感到她的性格火热,抑制不住。茅盾说她看鲁迅病事很典型。我以后要描写这么一个人物,因这人物有时很像自己。

《东南西北》本月二十日可能在《新生晚报》登,稿费十三四斤玉米面,少点。可是孙犁说不太少。电话中问我何意见,我说每天千字,登两月,太长,又说稿费低。他们答应再考虑。我希望早日登,因为那天张磐石报告时说要在华北找两个人到苏联学宣传工作,一是乡村,一是工厂。工厂要以天津为对象,那就很可能派到我身上。我今天不愿意去,同时,又不愿学工会宣传,愿学米丘林学说去。但派到我头上了,我也是高兴的,所以愿早日将《东南西北》打发出去。

5月21日

孙犁说康濯来信顶上写有人看了《女村长》,把支部写得孤立脱离群众。康即以为我没有大改,他的意见没接受似的。实际上是改了很多,只是他没看。那样被土劣掌握的支部,也没法不脱离群众,这倒不可改!

1950 年

6月30日

孙犁同志来信说不允许他下乡村，叫他就在天津下工厂，同时兼编《文艺周刊》。

7月29日

周扬在七月二十五日对下厂文艺工作者谈话，茅盾主持的。

话很简单，说今天是新的开始，希望大家成为中国托尔斯泰、法捷耶夫、西蒙诺夫。各地要求创作很迫切，解放战争、抗日战争，中国历史伟大斗争，表现得很不够。有成绩，但没集中心情创作，被行政工作分散，现在要解决一下，需要文化部帮助者，我们一定给以帮助，生活上需要……

要写，最好写自己最熟悉的。中国各角落，千头万绪，一个人不可能表现完。作家非写自己最熟悉的，大作品写不出来，从小作品写。

只要鼓励人民前进了基本方向好就行，小的政策上的缺点……不可要求全面。如此即可能成为党八股。批评基本上是鼓励，发挥批评的积极性，补充其不够的地方，帮助读者了解更多的东西。作家顾虑太多是写不出好东西的。首先排除顾虑。

下工厂回来后，应找一好地方写。

…………

听到鲁藜同志这传达，心里轻松了一半。孙犁更用感谢的口吻说：像曹葆华他们做了多少有益的工作！

很显然的，周等眼界的开展，是直接受了斯大林那几篇关于文艺批评的信的影响。孙犁同志又说最近这几次谈，周是用了很大脑筋，跟文化大会上的讲话大不同了。

7月30日

时达同志对《腹地》的意见……

这是在孙犁楼上谈的，孙说范世荣这角色妨碍了当时新的革命势力的成长，令人感到群众那么好，革命也前进，而领导者是那么一个人，怎么回事？

午间吴砚农请他吃饭，孙不去，还要到中二①搜集材料。

12月22日

芦甸虽未见《腹地》，但见了陈企霞批评，大发了一顿牢骚。那天孙犁来信也说"有点吹毛求疵之讥"。去吧，以后别人再同我谈此事，我也不再与之谈此事。是非自有公论。别人谈，别人发牢骚则可，我再火上加油则不该了！

---

① 中二，第二棉纺厂。

1951 年

1月7日

晚访孙犁同志,闲扯起陈的批评。他也说时间可以解决这些问题。他认为陈的全文也难免有无中心和支离之感。

2月6日

《人民文艺》上登出了曹葆华重新译的一九二五年俄共关于文艺政策,孙犁即来信要我细看。在他来信前,我已见报即读了。

二月四日《人民文艺》上读者来信栏上有标题《反对不正确的文艺批评》,当即拜读。今天又取过来看——特别是看见编者按语,正中孙犁的预感。编者按语说:"本期发表的一读者的来信,向文艺界提出了一个十分重要的问题,即反对文艺批评中的自然主义(反理想主义)倾向,从概念出发和不承认艺术品的完整性的公式主义倾向。这种不正确的批评往往借口政治理由而破坏了作品的政治力量。我们希望这个尖锐的指摘能够引起广泛的讨论和确实的结果。"

4月4日

读孙犁同志《风云初记》，芒种到山地送信，巧遇见秋分的丈夫（高蠡暴动时领袖）高庆山。明知是个巧遇，是作者的安排，但是心里特别高兴、愉快，这就是文学不应是事实的堆砌，而应表现人的情感和愿望。这颇带民间传说式的美！所以我感到我过去只希图把事实按事实记出为能事，是一大错误！

4月12日

孙犁同志《风云初记》第一册看完了，芒种和春儿这两人物写得特别好。

4月25日

孙犁同志到北京走了一趟，听了不少珍奇的广播。毛泽东同志请丁玲吃饭时说："文骨要高，茅盾的就不够高，还不如郭沫若的高呢，近代最高的是鲁迅。"所谓"文骨"这个中国专门术语，我尚不甚明了，大概即是风格、风采——或在文体中表现性格的意思。茅盾的文章，我早就不喜欢，我觉得他缺乏感情、风韵，自然主义倾向很大。毛泽东同志指的文骨，也许与此

1951年

有关。今晨看了一段《翻译》四卷四期赫尔岑论普希金,就觉得作者的热情和个性跃然纸上,大概这就是文骨高的特征。总结式、公文式的文章,就看不出是谁写的,大概即无文骨。

康濯同志吐血了,我早就看着他瘦,警告过他。他老说:别看我瘦,不常闹病。孙犁也这样说过他。我的预感不幸感中。丁玲说一个作者要年轻,要身体壮。今天下午到京去,看看他去。

昨日将《骏马千秋》突击完。孙犁问我,我说写了两万字了。他好像奇怪我怎么又写那么长?我还没说三万字呢!怎么写了又那么长,我也没预料到。

11月6日

在青岛时接到孙犁同志出国①前信,说《光明日报》对他有两文批评。回到津向邹明同志借剪报来看。批评者似乎对孙犁同志很了解,林、张文中说他:"在农村中生活过一段时期。"在青岛时以为是批评《风云初记》,原来只是旧作《钟》和《嘱咐》。另一文批评《村歌》。

孙犁同志感情细致,但近于"柔丝无力"(在青岛看见的菊名)。王文英批评竟把他和碧野、萧也牧等量齐观,甚不当!

---

① 孙犁出国,参加中国作家代表团访问苏联。

11月29日

《文艺报》五十期有于晴批评孙犁《初记》[①]一文,态度还公允。

12月24日

孙犁同志返津看母病,晚谈甚久。

胡可同志对我批评:自己有一套,如果不改,很难接近群众——这是他们在途中闲谈的。

孙犁同志赠我一个马雅可夫斯基的盘像,列平画的托尔斯泰耕田画片,和苏联空前芭蕾舞悲剧演员照片。

[①] 《初记》,即《风云初记》。

1952年

1月9日

晚同孙犁看李挂云的《大蝴蝶杯》。唱腔不懂,剧情甚感健康,是一好遗产。

3月5日

《文艺思想反省》①孙犁同志看了说,还应用毛主席提出的几个重点再反省自我一下,这有点儿像以"论自然主义的方法论自己"。这话后来他又纠正,大概纠正的是:不是"以自然主义方法检讨自己"。他又说马、恩那些名言,得看怎么解释,用在什么具体场合上。我们反对标语口号,也反对一般化形式主义。

昨夜他说中央调他到京电影局去写电影剧本,他不愿去,愿继续把《初记》写完。

---

① 《文艺思想反省》,王林所写关于长篇小说《腹地》的检查。

3月27日

晚到孙犁家，闲谈。回来决定计划改《腹地》。

4月2日

下午到天祥市场买了俩镜框，一个镶大刘的相片，一个镶孙犁同志从苏联带回来的托尔斯泰耕地的名画。

4月24日

昨夜同孙犁的叔父看谭富英的《失空斩》。这戏使我更联想起刘青山、张子善的案件。

5月2日

上午到黄敬同志处。他劝我要写农村新生活，还是到农垦局工作。下午又谈起工作与创作问题……孙犁同志把农村妇女写得很好，可是最根本的东西没有写出来。

6月17日

今夜到亢之和孙犁处谈天。最后孙谈到康濯看了《风云初记》二部的意见。康说不如一部。文艺这玩意儿必需步步登高才行,可是作者多半把才华用在前头。即连《红楼》《水浒》也如此。谈到创作,孙慨叹地说:这玩意儿就是不能急了,就是不能急了!

6月28日

正在给潘长友同志写那文章,窗外突然喊一声,吓了我一抖,一看是秦兆阳同志。昨晚听说全国文联来了一帮人要到工厂看一天立刻回去,问了半天名字,没听到个熟名。今天想不到有他来,多日不见,畅谈了很久。

他说乔木同志养病看了几本小说,说文学作品不应像教科书,不应成为政策的说明书。应该成为"灵魂的工程师"。他看了《暴风骤雨》,说人物简单化,说结尾参军,公式化。土语过土,外地人不懂。

他也同孙犁的感觉一样,创作这玩意儿急不得!

12月27日

邹明[①]同志来电告孙犁同志回来过年。可惜我做过

---

① 1952年冬至1953年春,孙犁去冀中平原安国、蠡县一带深入生活,回天津后于八九月间写了《杨国元》《访旧》《婚俗》《家庭》《齐满花》等五篇"农村人物杂记",署名孙芸夫,在《天津日报》发表。此时,邹明正在协助孙犁编辑《天津日报》文艺周刊。

饭后快九点了,他母亲这时该睡了,不去吧。

12月28日

七时起床准备开各界代表会去……在开会之暇看了留里可夫的批评批评家的论文《在生活中不会是这样的》。妙极了!好极了!简直也像冲中国批评家说的。

夜到孙犁家玩,他也谈起此文,大笑不止。因为这篇论文我买了一期《文艺报》。

孙犁同志说乔木同志在二届作家到生活中去的训练班上讲话,已正式批评了《新儿女英雄传》没有思想性。也批评了得奖的《人民战士》。

(润身记录上,对《新儿女英雄传》的批评不是这样的。一九五三年一月八日下午补记)

又听说毛主席看了《打金枝》旧戏,说人民性非常强,是爱国主义的。可是在主席说以前,批评家认为是个不好的戏,很不愿叫主席看。

开会中间扯说一般朝鲜通讯,把朝鲜前线写得毫无困难,胜利得非常容易,要纠正。其实战士们在潮湿的坑道里,见不到阳光,很苦,不是作家描写的那么舒服。

生活,生活还是真理!乔木同志讲话特别强调了社会主义现实主义。

1952 年

12 月 29 日

今晨醒来,想起昨天看到的留里可夫的论文和孙犁同志的聊天,又想到几年来内心的痛苦,不知为何涌出眼泪!几年来教条主义者打击得我已经丧失了正视生活的勇气,弄得头昏眼花,闹不清现实主义是怎么回事了。以为胜利者只需要粉饰太平!

1953年

1月2日

夜访孙犁同志。他说来时地委正开紧急会议：扩兵。梁双璧同志传达工作在定县遇见孙犁说：过去冀中对文艺工作照顾不够，比如对崔嵬。孙说：崔既然不对，但对付他的办法也不见得对！很中肯。

2月6日

下午突接到杨朔同志从国民饭店来电，说他来津给学联做报告。四时半到住处找他，鲁藜同志早到。鲁藜请他，我们陪客。同席一朝鲜青年翻译同志说孙犁同志的《风云初记》已译成日文出版。

2月18日

晚上到孙犁家,他老婆也看过这片子①,也谈起大刘来。

4月30日

孙犁同志信从北戴河转来很有趣。《人民文学》四期屁股后边附登一批评"批评家"的文章,说中国的批评家像李逵。孙犁同志信上说李逵战斗,虽目标不明,然易于认清后即反省,且其战斗力亦实充沛。孙谓应称之为程咬金式批评:瓦岗寨英雄中,未有如程咬金之无能者,每逢上阵,连砍三斧,三斧不胜,则扭头就跑……然程咬金在瓦岗寨,号称福将,活到八十,一笑面孔,殆亦有其特色。劝我学习鲁迅的"韧"。

5月6日

孙犁同志对《战斗中的人民》②意见:

---

① 片子,刘燕瑾主演的电影《葡萄熟了的时候》。

② 《战斗中的人民》,王林写的一部长篇小说,后定名为《站起来的人民》。

梗概，没有展开，特别是前三分之一。没有展开，所以对读者印象不深。突围和伏击两个战斗写得还是好。

人物，金焕章不如辛广德，金大光也不怎么突出，好在是毛病没有了。

"兵工厂"不如《腹地》写得好，突过火龙封锁线也不如《腹地》里写得好。

意外插曲中金大光对白玉英摸摸动动的，因前边没有描写他们的恋爱深度，所以显得突然，与战争气氛和大光性格不调和。

三刁这人物写得还好，收阴阳脸尸首一段，写得有《儒林外史》笔调。《儒林外史》长处是事不大，而作者很用力写。

写得急促，令人感到草率，如"因利就便"字句很令人不愉快，群众口中并没有这种语法，类似者尚有。

平原是美丽的，平原是恐怖的，很好。可是前边某处有"平原是……"几句，太轻浮。

"扫荡"中的医院，如何救急伤员，应展开写，很值得正面大写。

总之看后不过瘾，希望能像《静静的顿河》那样宽广地展开写的篇幅。

没有展开的地方，举例，比如苏克的牺牲，只由白玉英口中说出，太梗概了。

白玉英这人物写得还好。

两个骑兵写得很突出。

骑兵和战马一节写得很展开，但和前边梗概化的

1953年

写法不调和。

结束得很好,收场并不容易。

5月7日

早起修改玉英在结束前和大光的动作,把白玉英准备变成未来的神枪手,这样便和开始时对玉英的描写才能吻合,也是于文和孙犁同志的意见。

5月15日

读完孙犁同志《风云初记》二集。头集头很有气势,愈后愈松。二集可以说是一章一章地凑了。不乏很有诗意的章段。但总的企图和计划是看不出来的。他自己也说写一段想一段地写。

故意违背历史事迹的写法,不知是何用意?一九三八年三月间台儿庄大会战,冀中尚出兵配合,孙将拆城破路写在此时,与史实不同,与史实空气不配合。这部著作才写了抗战第一周年,整个企图尚未写出,当不应过早批评。但违反历史真实的写法,在我觉得别扭。

6月18日

昨夜到孙犁同志处,拿去对《腹地》的辩护一文叫他看。闲扯起来。他说他看到周扬同志在电影会议上的报告，周扬同志说文艺创作何时能好转，很难估计。孙开玩笑地说："我听到这种说法，难免有一种幸灾乐祸的心理。"的确，过去的领导方法，过去领导上所提倡、所推崇的批评风气，爱憎标准，弄得文艺界这般垂头丧气。真是自食其果，不能不令人有"幸灾乐祸"之感。

昨晚孙犁同志谈到的巴甫连珂回忆高尔基的文字，今天提出了：《母亲》是根据巴库近郊巴衣洛伏地方的一个工人阶级家庭的历史写成的，那一家和高尔基有很亲密的友谊。"在我坐下写作之前，我总是要问我三个问题：为什么我要写作？我将怎样写作？为什么目的？"高尔基对艺术的基本态度是：坚持工作，修改，再组织，补充，做到完整无缺。

6月22日

那天和孙犁同志闲谈，他说现今某些同志（支持陈企霞的领导人物们）可能感到对过去否定了的东西，应有新的办法，但是为了个人威信和面子，不肯重新再提这些事，冤枉了的也就冤枉了算啦！

7月9日

7日下午到北戴河海滨。

上午给大刘和孙犁同志写了信，报告了西山房子的情况。

8月17日

昨午到休养所，吴、于等已回津，受不了连阴天。见方纪同志，他说7月底林默涵同志到津，访孙犁同志，孙闭门不见。又遍访方纪、马达及市宣郑部长，也找我了。

9月14日

午到孙犁同志家带吃饭带聊天。他对《译文》二期译载的老托尔斯泰的《为什么？》大加称赞他的历史材料的确实性。下午看完，这是托翁老年的作品，定是凝练与纯青之作。

谈话中我也用惊叹的钦佩的口吻介绍了托翁在《战争与和平》中对库图佐夫的描写。

1954 年

1月7日

昨上午李烈同志来看了看《金达莱》,他一看题目就说选的题目好。他说金达莱像中国的杜鹃花,是朝鲜的特产。这篇小说这是头一次被朝鲜人看,他们也感兴趣。估计不致有大的失败。昨夜给孙犁同志送照相机,就手把稿子给了他。

1月8日

孙犁同志来电话说照相机事,同时谈到《金达莱》一文。他说:"看过了,还可以。"

1月14日

上午到云南路招待所向周扬部长汇报。不久,李霁野、李何林、劳荣等同志到,孙犁同志因整理一稿未到。

1954年

周扬同志对孙犁同志《风云初记》开头，认为抗战初期的气氛写得很好。二次文代报告起草，本来提上了，后有人提意见又删去。周认为孙犁的写法像《三千里江山》。

4月1日

今晚饭后到孙犁同志处。他说近来文坛一大事，是路翎从朝鲜回来写的几篇小说，在《人民文学》登出后，大受《文艺报》的捧，中宣部认为有重大问题，开过一个座谈会，要康濯执笔写。但不知有何大问题？因原作也未看。

明年要有一批文艺作家不吃公家包干。孙犁也说对自己专业化问题也感到没底。旧有的生活写完了，新的生活也没底。

5月7日

晚上同鲁藜同志找孙犁同志去，遇见邹明同志。我夸赞我近日看过的匈牙利的两个片子。孙犁同志问：中国创作上不出色的原因是什么？我干脆回答说：正如鲁迅早说过的不敢正面现象！孙犁接着也说肖洛霍夫写《静静的顿河》时艺术的修养也不是了不起高的。

6月24日

昨夜到孙犁同志处，他说梁斌同志写的小说，在水平以上，比李英儒同志的《战斗在滹沱河上》水平高。可是梁自认有拿手的高蠡暴动和二师事件，写的并不见佳。他是把那历史事件近代化了，近代化得削去了历史个性。自以为提高了，结果弄得一般化，移何年何代也可以了。人物都还成功，正面与反面都可以。

7月9日

昨上午孙犁同志来玩，这是稀有的事。

检查身体发现他有肝胀大的迹象，已抽血做最后的诊断。这问题对他也是一声警钟。一向我对他的身体担心。

7月10日

孙犁同志午后来，说他检查结论只是肝部稍显下垂，但不为患。几天对他的精神压迫（甚至于影响到他失眠）算解严了。

7月18日

今日下午三时多交际处来电称时达同志来津。同大刘急去,不久孙犁也来。留他多住一天,明天和他再玩一天。

随便扯起来他对《腹地》也说范世荣那样坏分子多得很,但当作村支部书记的典型代表就成问题了。

8月26日

晚找孙犁同志,他说梁斌同志在《北京日报》和《天津日报》先后选登两篇,有些冲昏头脑。他跟我的意见相同,还是冷静地好好删改一下,不要着急。

9月28日

夜到孙犁同志处玩,他正看王充的《论衡》。王充闭门谢客二十年才写出这部《论衡》。我说《文心雕龙》写得好,他说《文心雕龙》的作者是个和尚。可见功夫不纯,质量是提不高的。

提到工作和生活,孙犁同志说新女性要求丈夫的是:事业越崇高越好,生活越庸俗越好!这话太精辟了。

11月6日

昨日下午市宣郑召集方、孙、鲁、王[①]等组织一领导参加《红楼梦》批评的小组。

---

① 市宣郑召集方、孙、鲁、王,市委宣传部副部长郑

王林日记辑录之一：我与孙犁四十年

季翘召集方纪、孙犁、鲁藜、王林。

《天津日报》以《在天津市文化学术界关于〈红楼梦〉研究的座谈会上发言摘要（1954年11月11日）》为题予以刊登。1981年我协助孙犁同志编辑的《孙犁文集》（百花文艺出版社出版），没有收入这篇文稿；2004年人民文学出版社出版的《孙犁全集》、2008年文汇出版社出版的《孙犁文集·天津日报珍藏版》、2013年百花文艺出版社出版的《孙犁文集（补订版）》，也都没有收入这篇文稿。直到现在，这篇被王林同志视为"甚精辟"的、"那么长的"发言，还没有引起读者和研究专家的注意。想来，这篇发言摘要是孙犁同志事先写好的一篇文稿，不是事后根据记录整理，它不仅表明孙犁同志在那场运动中的态度，也展现了他的文艺理论水平。今转录于下：

我对《红楼梦》是爱好的，但没有系统地研究过。这次由李希凡、蓝翎对俞平伯《〈红楼梦〉研究》等作的批评，引起的对资产阶级思想的斗争，对我说，是一次很好的学习机会，得到很大的启发。

对于古典文学的研究和看法，有两种态度和两种方法：一种是马列主义的态度和方法，另一种是资产阶级的态度和方法。马克思、恩格斯对待莎士比亚、巴尔扎克，列宁对待托尔斯泰，就是马列主义对待古典文学的典型。

什么是资产阶级对待古典文学的方法？第一，它常常是以个别的例子代替一部著作的全体；第二，它用表面的东西掩盖本质的东西；第三，它戴着"科学"的帽子，传播资产阶级的唯心思想。

依我看，资产阶级对待古典文学一贯的态度不外这三点。

1954年

这里面有许多的例子。俞平伯拿个别的情节代替《红楼梦》的全部精神,例如秦可卿是怎样吊死的?在这个问题上,胡适和俞平伯翻来覆去地考证,写了很多文章,其实始终并没有什么了不起的发现。这不可能有什么了不起的发现,关于秦可卿之死,书中是有些暗示,鲁迅也认为秦可卿是吊死的。但是,作者企图叫读者了解的,也就像他所已经表现了的。如果一定要突破这个界限,那就是画蛇添足,违反作者的原意了。

其次,他们拿表面的东西来掩盖作品的本质。像《红楼梦》这样一部伟大的书,一个极普通的读者读了以后,也会要问:这部书能发生这样大的影响,它的特点在什么地方?它凭借什么方法,打开了通往这样广大读者心灵的门?假使我们站在马列主义的立场,用马列主义的方法研究,就会得出一个明确的结论:《红楼梦》是一部伟大的现实主义创作。它真实而具体地反映了作为一个时代的生活,广泛而深刻地反映了社会生活中间的复杂的斗争。资产阶级怎样来看这部著作呢,据他们看来,这部书之所以吸引人是因为作者写了那么多的"风月繁华""儿女之情";写了那么多的可爱的女孩子,写了种种生活的铺张场面。这样,它们把本质的东西掩盖起来,在读《红楼梦》的时候,他们设想自己就是一个贾宝玉。

他们标榜"科学"的研究方法,回避《红楼梦》所表现的阶级斗争、政治意义。不谈它的倾向性,于是胡适之就得出这样的结论:说《红楼梦》只是写"自然形势",只是一部自然主义的作品。

究竟《红楼梦》所表现的进步思想,和它在创作上达到的辉煌的现实主义成就在什么地方?我认为研究这部书所表现的进步思想和进步意义,也不能只从书里拿出一小部分或个别事实来做根据。一般地说,考察一部作品是否是现实主义的,应该从这三个方面来分析:

一、作品是不是具体真实地反映了历史;二、作者是否有高度的创作典型的能力;三、作品是否具备高尚的思想感情,能否提高读者?

这三方面,《红楼梦》是具备了的。

一、关于历史的真实性,今天不能多谈。我们只要多读一些清代的野史笔记,就可以知道《红楼梦》多么真实地表现了当时的社会生活。它很深刻很全面地反映了当时的社会制度、政治生活、意识形态,以及人与人之间的关系。

二、曹雪芹有高度的创作典型人物的能力。这一点也不用多谈,我们所以这么熟悉书中的人物,就是最好的证明。

三、书里,从整体上看,包含的是向上的思想情感。它使读者看了,产生的是热爱生活、热爱那些善良人物的心情。《红楼梦》作者可能有老庄以及佛教的出世思想,从《红楼梦》的表面看来,也有这些东西,但是,"太虚幻境""空空道人"等等,我认为只是一种寓言性质的外衣。凡是好的寓言,都有现实的意义,有反抗的情绪。决定作品意义的不在于书中的说教部分,主要是人物的形象、人物的行动,以及由斗争表现出来的思想。《红楼梦》通过许多纯洁的、可爱的人物性格,引起读者对生活的爱好和向上的心情。《红楼梦》是入世的书,而不是出世的书。

《红楼梦》通过人物性格和接连不断的斗争,表现了当时社会生活的各个方面。其实,《红楼梦》表现的正是两种人物两种性格的斗争,这一点,普通人都看得出来,那些书

1954 年

本上也都批注着。林黛玉、薛宝钗是两种性格的代表,代表两种对待封建传统的态度。黛玉是反抗的代表,宝玉是同情黛玉的,他屡次做了生死的誓言,这就是作者的思想。宝钗是封建社会的顺从者。作者把很多人物围绕这两个人物,分别组织起来,把许多的斗争组织起来,这完全是很高的现实主义的观点和手法。

《红楼梦》作为伟大的现实主义作品,它的成就还包括结构和语言方面。曹雪芹虽然没有写完《红楼梦》,但一个伟大的结构,在前八十回中已经展示出来。至于作者在语言的修养上,成就是很高的:一、他总结了中国语言创作的经验,发扬了它的种种优点;二、他从人民中学来了很多东西,使他的语言具有浓厚的人民性;三、他对民间语言做了很好地选择和加工,他的语言具备很高的风格。为什么曹雪芹能创作出这样一部伟大的作品?我觉得他在创作之前是做了很大准备工作的。在《红楼梦》开卷的第一段里,作者已经说明,过去的小说怎样怎样,我这本小说是怎样怎样。这就是曹雪芹的现实主义的纲领。

把《红楼梦》当作一个家庭的历史,这是错误的。我认为书中所表现的是曹雪芹一生的生活体验,有他家里的事,也有不是他家里的事,是作者掌握了很多的材料以后创作出来的。如果把这部书,单纯看作是作者家世的记录,那也会降低它的现实主义的意义。

11月12日

昨日晚七时在文化局开讨论会,响应中央对俞平伯资产阶级思想批评。孙犁同志发言甚精辟。我这和孙犁交游十七八年中第一次见他在大庭广众之下(不算在课堂上讲书)说那么长的话。

12月11日

昨日晚到孙犁同志处。他说与丁玲同志给我信的同时,康濯同志给他写信说丁玲同志看了《腹地》后与康濯同志意见一致。

孙犁同志把我的故事给他老伴儿说了,她说我又"还醒[①]"了。恰当。

她生下小玲以后八年迄今,再没有怀妊,前旬日忽怀胎,一家子高兴,却因安烟筒而不幸流产了。

---

① 还醒,冀中平原群众语言,意为死去活来。

1955年

1月3日

路一同志来津住其岳母家,也是昆明路,相距不远。下午去闲谈,他说他最近看了一遍《腹地》,很肯定这本小说。在不久前给孙犁与我的信上已经谈过,这封信孙犁同志尚未转给我。

1月4日

上午同路一同志找孙犁同志,在他家吃的火锅,这个铜火锅在孙犁老家中就用过。

十二月二十七日写的信,孙犁给了我,孙说路一这封信很解决问题。信上对《腹地》这样写的:"我觉得这书很好,虽说前半部部分人物消极了些,其历史价值是不可忽视的。"对我们俩的前途他说:"你们两个人以后写农村还是写城市?如果写城市,就近有生活;如果写乡村,现在正值农村伟大的社会主义改造时期,就速速下乡。历史是不再重复的,过了这个村可再没有这个店。如果不积极地去生活,你们会后悔的。"

1月14日

今天上午总算把《站起来的人民》最后一章誊写出来了。最后东海说的那几句话很重要,却想不出最满意的字句来。在这种节骨眼儿,孙犁是诗人!我则是无能之辈!

王亢之部长主动打字印几十份广泛征求意见。文联已经把这事当成一件秘书处工作积极筹备了起来。

1月31日

下午到鲁藜、田野、孙犁等同志处扯了一会儿。丁玲同志对《腹地》重新估价的文章,据说在二月份《文艺报》登出。

2月2日

那天见到孙犁同志谈起他修改《风云初记》的计划,他说他又看了一遍,把好的章段留下,把不好的删去一部分。我说那么来就会在修改时为这些好章段而安排故事。不如先安排好大的故事架子,而后再进行取舍。他说有的片段是舍不得删去。

他说《文艺报》一二合刊上登的高尔基的几封信真是有远见。今晨借来看,真是解决问题。高尔基逝世

1955年

后争了近二十年的问题,其实早在高尔基心中解决了。

5月10日

六日王血波同志把方纪同志写的报告送来,七日上午由张学新同志朗诵,我与陈因同志听。其中有一段抨击鲁藜同志的,与事实太不符合。昨日到孙犁同志处,说起方起草的另一文(关于有人揭发芦甸的文章的支持),报社社长不登,嫌自我检讨没有,而专门地攻击鲁藜。邵鸿业社长准备将来打官司,将方纪原稿誊清以为证。因此我想到我也应当将原稿字句誊写下来。

到鲍昌同志处去誊写。原稿上已经勾去含血喷人的那一段。虽然这样,也应当把原句抄下以备忘焉。

我见到孙犁同志谈起此事,主要的还是说文联干部思想情况复杂。孙说方当时写过信否,不知。当时他说的话我听见过,是那么一种情绪。又说,他在小说(内中有受过批评的小说《生活是美丽的》修改稿)集后记里还表示了保留意见。

6月18日

时达同志尚未看完《站起来的人民》,只从前几章看来,觉得我的文字"粗",不如孙犁的细。我问是否不如孙有个性?他说那倒不一定,孙文字美,反倒并不太个性化。你这个倒有个性,只是觉得粗。另,故事故意传奇化。他认为《保卫延安》①那样平铺直叙的写法好。

7月20日

孙犁同志看了《一个新人的诞生》②说:"虽然意义很好,其中细节部分,因系从长篇摘出,未能使人连贯理解(如地方游击队之化整为零,借米借柴等),亦易引人断章取义。"

9月28日

梁斌同志赴东北调查肃反的材料回来住孙犁同志处,下午谈到天黑。他说他看过《站起来的人民》前一部分,觉得挂带东西太多,所以不能吸引人。要行动,不要叙述!对《腹地》他认为也有这毛病,同时人物的发展不连贯。在人物不出场的地方也应该有发展过程,后来的变化才不至于突然。

11月17日

昨夜同方纪、孙犁看吕剧。《王定宝借当》细致动人,难怪人人喜欢。回来时向方、孙说:古典的东

---

① 《保卫延安》,杜鹏程的长篇小说。
② 《一个新人的诞生》,王林写的短篇小说。

1955年

西,虽一二人而令人感到丰满。我们弄一大群人上台,反倒很贫乏,影子似的转来转去而索然乏味。强构成矛盾和剧情,又粗糙又不自然。

1956 年

2月18日

上午会隙,同方纪、孙犁逛劝业场,购双玉带砚一方。砚上有一双玉带花纹,甚美观。据商贾说是北洋军阀曹锟家中物。背面有"渤叟"二刻字。同一商家,有吴昌硕墨竹一幅,气魄甚大。多年来走遍天津摊店,只看上这一幅画,价亦不大,只二十元。幅有六尺之大。但想到自己屋小,又想到自己在创造上未必有起色,乃未买。后方纪同志买了,事后甚留恋。

4月4日

晚到孙犁同志处看,他上星期四因劳累[①],午睡起床小便后晕倒,把左腮跌破,尚未检查出究竟是何病。可能是贫血,也可能是煤气(生了炉子,但有烟筒),这两种病症状相似,所以尚未断定何因。身体是作家走入生活浪潮的本钱,这事对老孙的锐气挫伤不小!

---

① 劳累,此时孙犁正在写作中篇小说《铁木前传》。

1956年

5月31日

归①接到孙犁同志信。他已于二十一日返津，封锁消息修改《铁木前传》了。

6月5日

何建平同志一早去承德，留字条说："林间同志……说孙犁同志昏倒的事倒不严重，麻烦的是他有'肝脏硬化症'，这病没有告诉他本人。……"前年干部普遍检查身体，说他肝有下垂现象，他就很紧张了一时期，如听到这诊断，精神上更不知道增加多大负担了。我听到这个消息，就已经很感到沉重了。人类对于自然，特别是病，还相当被动呢。

6月8日

六时到孙犁同志处闲谈。我劝他趁早到北戴河去住一个时期，等学校都放了假，房子就困难了。

---

① 归，王林5月26去北京，在怀仁堂听中宣部陆定一部长关于百家争鸣、百花齐放的报告。孙犁4月病后离津休养，5月21日返津，修改《铁木前传》。

7月6日

孙犁的《风云初记》三集有一段《家乡的土地》发表在《文艺周刊》了。变吉这人物写得好，后半写贺龙英雄部队到冀中，只写了成天打游击。家乡的土地香味很浓，贺龙部队的英雄气概不够。这应当说是一篇散文诗。语言的美，语言的诗意，老孙独具风格。

9月11日

下午到孙犁同志处，他推荐了《资治通鉴》。明日即去买。

在孙处见到英文《中国妇女》的编辑严婉宜同志。她说她可以把《家禽饲养员》[①]的插画原稿给我。

10月5日

《铁木前传》要在《人民文学》上登载。梁说他听见秦兆阳向康濯说其中那个风流女人[②]比肖洛霍夫写的那个女人还好。可是鲍昌和张学新看这小说原稿后

---

① 《家禽饲养员》，王林的一篇特写。

② 那个风流女人，孙犁同志《铁木前传》中的小满儿。那个女人，肖洛霍夫《静静的顿河》中的阿克西妮亚。

1956年

的印象，只是说这个不好，那个不行，并认为发表了对老作家孙犁的名声不利。可是它的好处一字未提。今天说要到《人民文学》上发表，张才说那个女人写的是不错。

10月15日

昨日下午在政协礼堂开纪念鲁迅座谈会，我发言过分强调创造人物必须根据真人真事。孙犁同志立即指出（当然口气很委婉）。《天津日报》文艺组要将此文在文艺周刊上发表。我今天又大加修改了一番。什么事一绝对化、片面化就会把真理变成教条。

1957 年

1月2日

孙犁同志一九五六年的新作《铁木前传》今日读完，很有诗意！原稿交给《新港》时，鲍昌和张学新看了，都说这样的作品发表对老作家的声望并不利，又说孙犁固有的好的风格也没有，而且……可是秦兆阳看了向康濯说，小说中的女主人小满写得比肖洛霍夫的路希卡[①]还要美！方纪在《人民文学》十二月号上看了，说是孙犁的创作最高峰。我今看来，也觉是孙犁的杰作。不光是小满儿这个反面人物写得好，正面人物六儿写得也好。青年的朝气写出来了，而且对童年生活写得那样有诗意！

1月18日

五日晚在车上失眠，却忽然想出了修改《腹地》

---

① 路希卡，阿克西妮亚。

的方法。陈企霞的批评当然提不到，即便孙犁、侯金镜的文章，也没有帮助我解决这问题。

回津后，昨日参加了《铁木前传》的座谈会。这个会开得非常热烈，这种会应多开。

孙犁同志的病还不见好，今下午想看看去，却不知刘白羽、康濯二同志何时到津。

1月21日

正午又看了看孙犁同志，还不见好。服赵寄风名医的药，反倒闹了个整夜失眠，真是穷汉子反倒碰见了个闰月年。好在服安眠药尚可睡四小时，也应当说是不太严重。但他精神很紧张。今天去了有说有笑，却比上一次好多了。

2月13日

昨午到家，五时多到招待所看孙犁同志，他正与李奕局长谈。杨循及孙的老婆也在场。孙对我态度似很冷淡。这可能是他对我传出他的病状（按何建平同志写的条）有反感——我这是否也是过敏？

2月26日

高干哲学自修班，十六日正式开学。十七日下午到招待所看孙犁同志，他已不用安眠药三夜可以睡六七个小时了。我看风波过去了。

3月25日

孙犁的病,以往我始终没有看得很重,可是上星期日上午谈了一上午,感到吃紧,原因在于自己钻死牛犄角而不能自拔。今上午到市委礼堂听孙定国同志讲辩证法见杨循同志,说孙犁同志最近这几天情绪坏极了,光说自己没有希望了,连医生和李奕局长规定他遛弯的信心都没有了,光在屋里瞎想。越想牛犄角越深!唯心主义害了他!

6月10日

大刘昨下午回京了,这次谈判得还好,她的要分离的决心是改变了,日后要善于在这个基础上不再使她感到失望和痛苦。孩子对于巩固她的心,起了绝对作用。孙犁同志在一文中说孩子像条线串住了父母的心。深刻!

7月25日

有一年我向孙犁同志说:陈企霞恨我描写出了个范世荣式的人物,恐怕是像五四时代某些恨鲁迅写阿Q像自己吧?孙犁一连摇头说那可不至于!今天从柳溪的坦白中看来,陈企霞十足是范世荣式的人物,而比范世荣还恶劣,更恶毒!

8月2日

七月二十九日上午赶到北京。下午在文联礼堂开会……

二日到小汤山看孙犁同志,他的病见好,稳定住了,就是好。

9月20日

孙峻青同志谈《站起来的人民》……

孙也很喜欢孙犁《风云初记》里在柳子地里的恋爱场面。

9月24日

上午去看孙犁同志,误车,没有去成。

12月2日

三十日上午去京……

昨日看了看孙犁同志,失眠症已好,却又闹痢疾。真是!

1958年

4月4日

到孙犁同志家看了看,老太太和孙妻都好。

5月4日

送大刘上火车后,过劝业场在新华书店买孙犁《白洋淀纪事》一本。这本书纪念两个人,一是病中的孙犁同志,二是为搜集此稿成集的(多年来就搜集着)康濯同志。

5月13日

下午开思想解放会。散会后到孙犁同志家,老太太睡了,孙妻也要改为暑期再去青岛。①

---

① 去青岛,此时孙犁正在那里休养。

1958年

5月16日

苗培时同志对《矿工的儿子》剧本的意见……

《新儿女英雄传》高明之处,先叫杨小梅与张金龙结婚,这才使人感到更痛恨。孙犁的《荷花淀》,就觉得太轻松。当时转载后,有人提意见,说脱离现实,太美了。

6月20日

上午开会前把《青春的力量》(林西矿大罢工)结束了,下午开始了评介《白洋淀纪事》。

6月21日

评介孙犁同志的《白洋淀纪事》的文章,昨天写出了主段,今早安了个尾巴。这也算还了多日压在心上的问题,也算对老友的一个怀念。

6月22日

评介孙犁《白洋淀纪事》,上午寄出。

7月7日

今晨一翻《腹地》，看孙犁同志的短评，在第二行上就发现了多年解决不了的书名：《考验》。这书名要比《腹地》恰当多了。第一有积极意识，第二通俗，第三象征着反五月大"扫荡"是冀中人民的大考验，也表明这本小说经过这些打击也是一种考验。缺点是与苏联的小说同名。好在大作家曹禺有前例，也没有什么了。实际上我这本小说比苏联《考验》写出得早。

改名《考验》还有另外的意义，纪念孙犁的短评，因为句子是从他的短评中取来。他这短评是唯一的定评了，今天看来。

9月23日

我提前吃的午饭，就午睡了。一时半起来写关于《白洋淀纪事》的文章。

9月25日

天微亮我就赶快起来继续写评介《白洋淀纪事》一文。

1958 年

9 月 27 日

今日把评介孙犁《白洋淀纪事》的文章写完了。

10 月 4 日

关于孙犁《白洋淀纪事》介绍一文,国庆节远千里同志看过,提了意见。今上午改一改,再叫梁斌同志看看,就赶快发了。

11 月 13 日

《介绍孙犁白洋淀》一文,《人民文学》社退回。我又寄给《蜜蜂》了。

1959 年

7月1日

下午到方纪同志处。他说孙犁同志返津后,情况还好,不久还要去北戴河海滨休养去。

7月3日

早晨看了看孙犁同志。他说初返津睡得还好,这几天又不好了。

1960年

6月24日

上午梁斌同志来谈,远千里同志在去年全国文化会议小组会上提出对《铁木前传》和《十八匹战马》的批评。

下午林呐同志来说人民图书馆评论组正讨论《铁木前传》,持否定论点者居多数。周骥良正面肯定成了对立面。另有一中学生正面肯定语文研究所张某总结大家的意见而又加以提高说:自然主义手法,修正主义思想……

9月10日

上午看了刘恩英同志小说初稿前两章约三万字,生活深度、语言、风格、人物塑造,都是第一流的。如果解放后(这两章写的是解放前)也能达到这个水平,就会成为尖端!(理想一点儿,就能突破尖端!)中国的女作家,有几个是真正工人出身的?我原以为经过很多修改,才会有这种水平,可想不到有这样高的水平!她说她很喜欢孙犁的《白洋淀纪事》(这是我劝吴方读的),她的文体也真有孙犁的风格的美!

9月30日

二十九日下午跟汉沽团市委送燕子的吉普车到芦台,转乘火车到唐山。赵衡同志在交际处住着。下午四时时达同志来。他送我和孙犁每人两斤多猪油和猪肉。

10月1日

到孙犁同志家坐了会儿,送时达同志给他捎的板油、肉。

1961 年

4月11日

下午看川剧高腔《荷珠配》。川剧本非常富于才华。

孙犁同志也去看,为了不叫熟人认出,把帽子拉得很低,压住眉。

8月30日

省文艺工作会议今日结束。

晚在天津饭店吃饭时,康濯同志说毛主席在延安时看了孙犁同志的文章说:很有才华。

9月11日

上午到孙犁同志处约他去东北长白山一游。他正有游览名胜之意,欣然接受了。

9月12日

孙犁同志因怕身体顶不住,来信不愿去长白山了。康濯、林漫等也不去。乃罢。

12月18日

接到侯金镜同志十日来信,对《演义》①提出如下意见……

远千里同志看了侯的信,接着谈他对我在创作上的意见。

他说《演义》与过去不同点,是情绪健康、乐观。他又说我的经验多,见过的阴暗面多,而被阴暗面缚住了。孙犁同志也知道不少这类东西,谈起话来并不少,但他不写。所以青年喜欢。梁斌同志对二师、高蠡暴动的描写,也是去掉很多渣滓才发起光来的。

---

① 《演义》,王林创作的长篇小说《西安事变演义》,后改名《叱咤风云》。

1962年

2月3日

下午读孙犁的《平分杂记》[1]（《河北文学》二月号）。大概在冀中时读过，味道仍浓。

---

[1] 《平分杂记》,《女保管——平分杂记》,文末自注：1950年1月初稿，5月改写稿。1947年冬至1948年上半年，孙犁在饶阳参加平分工作。1949年11月4日写了短篇小说《石猴——平分杂记》,发表在1949年12月第一卷第七期《文艺报》上；1949年1月写了短篇小说《秋千》,发表在1950年3月第一卷第五期《人民文学》上；还有同期写作的中篇小说《村歌》,都受到公开批评，说模糊了阶级界限。这样，也是写平分的短篇小说《女保管》就没再发表，直到1962年，才发表在《河北文学》上。这篇作品，孙犁写出后可能请王林看过，但不会是在冀中，而是在天津。

2月22日

下午孙犁同志曾来医院看杨循。他到医院后始知我也来京住医院。

3月5日

下午孙犁同志来,精神很好。他住在河北省办事处,已经能修改旧作①(《风云》三集一章)。

12月24日

张雨时同志谈对《行军途上》②意见……

孙犁同志向张说:"华北的雪,下了就化,更显得冷。东北的雪下了不化,反倒显得不如华北的冷。"

---

① 修改旧作,孙犁在1962年2月24日晚写给我的信中说:"到京后,环境较静,今日已把《风云》三集之结尾写好,尚觉满意。如此,则此集已大致就绪矣。"并说,"结尾,系一诗一大段抒情尾声"。结尾即九〇节后署:"一至六〇节写于1950年7月至1952年7月。六〇至九〇节写于1953年5月至1954年5月。1962年春季,病稍愈,编排章节并重写尾声。"

② 《行军途上》,副题为"长篇小说《叱咤风云》中的三章",发表在《新港》1962年第十二期上。

张问他:"你怎么知道?"孙说:"看王林的小说了。"我对东北自然特点经验太少,写那一段时心里挺没把握。经老孙一解释,我就放心了。老孙对这事也动了脑子。

1963 年

1月27日

上午,同亢之、梁斌、雨时去看孙犁。

1月28日

上午史如北①同志来,说苏联《文学报》译载了孙犁的《铁木前传》。冉淮舟告诉他的,他闻知后有些紧张。在这种空气下,一理论批评刊物忽全文译载此

---

① 史如北,时任天津文联办公室主任。我已记不起告诉他苏联《文学报》译载了孙犁的《铁木前传》。想来,显然我是作为一个好消息告诉他的,不然我就不会向他说这件事了。没想到,他闻知后竟然紧张起来,可见他政治上的敏感和我的迟钝。不记得孙犁对此事有什么反应,我们一起观看苏联出版的《铁木前传》单行本的场景,以及孙犁欣慰的心情,我还清楚记得的。我在中学和大学都是学的俄语,俄文版的书名是《铁匠和木匠的故事》。

1963年

文：不能不令人推测（并无编者按语）。

2月1日

几天来都是想把文俊与玉华的关系写得更友情些。今晨更想把二人的童年生活写得更诗意。像老孙的《铁木前传》里的童年生活的诗情。在话剧[①]里只能在第四幕文俊听说玉华被拐走后来一大段回忆独白。将来在电影剧本里就可以大大地发挥幻想了！

2月12日

下午侯金镜、冯牧等同志来津准备为创作会议做报告，我与艾文会同志把会议上的讨论向他们做了汇报。

晚饭，孙犁同志做东道。

3月22日

我说材料少的，要放射出作者的认识和感情。孙犁同志写的人物，事也很少，但感人至深。材料不连贯，要用作者的感情贯穿起来。

---

① 王林正在创作反映饶阳五公生产队的话剧《不要忘掉的故事》。

4月5日

韩映山同志写的《赤心记》,看过,一稿就挺满意。韩文有孙犁的风格。

9月25日

梁①又谈到《河北文学》八月号楚白纯的评《风云初记》一文的反映。孙很受刺激,到北京找侯金镜、黄秋耘等批评家谈了一次。

---

① 梁,梁斌。评《风云初记》,1962年8月号的《河北文学》发表的河北文联文艺理论研究室楚白纯评《风云初记》的文章。1963年8月27日我在给孙犁的信中写道:"回到天津,一些同志问我,读没读过发在《河北文学》上的一篇评论《风云初记》的文章,希望我写篇文章予以反驳。反驳的文章不一定写,那篇文章我还是认真拜读了。此文冗长,也乱,基本观点是错误的,在谈到春儿这一形象的塑造时,甚至说,这不是现实主义的描写,是不真实的。对李佩钟的意见,也是老调重弹。几年前就开始批判的庸俗社会学,又在这里出现。"在9月12日我写给孙犁的信中又提及,"听说北京对《河北文学》那篇文章很有意见,但愿那里有人写篇文章,不见得批评那篇东西,倒可以着力批判那种'研究'方法。"孙犁在9月14日给我的信中写道:"关于那篇文章,忘掉它吧,没有什么意思。"

1964 年

6月6日

下午看了看孙犁同志,约他到长白山转转,他今天同意去。归时到梁斌同志处坐了会儿。

7月29日

下午散会后到孙犁同志处。他说万力、劳荣等同志对《一二·九进行曲》有些意见。可是我前些日子征求他们的意见,他们未说。

谈到我要修改《腹地》,他说原稿对"民主集中制"主题不明显,又劝我不可把群众的抗日斗争意志减弱。我说,如减弱这一历史场面,那就没有时代内容了。因老谷在门外等着尚未吃饭,急急回来未得详谈,以后找机会再谈。

我送去人参一盆,他赠我他接的花一盆。

9月7日

接到孙犁同志信,他去胜芳一行,但回来累病了:"此次发烧出现一病状,不能不引起警惕。有一晚上,一合眼即觉灵魂要飞走,怕他不辞而别,只好睁大眼睛。"

1965 年

2月25日

顺便到孙犁同志处转转。孙媳因痼症（糖尿病、高血压）住医院。老孙说已进入危险期，但入院后有好转。

9月16日

晚上看了看孙犁同志，老伴儿病重，住在省医院。大根从黄城来看姐姐的病，黄城老人还挺想念我。

9月23日

到孙犁同志家中待了会儿。孙妻昨夜拉肚子，病情急转直下的危险，孙甚受刺激。大女儿从石家庄来看母亲，一见净哭，对孙影响甚大。谈到护士，孙妻这次在省医院住院，给孙的印象很不好。孙说拿出过去写的关于护士的两篇文章重新看了看，说今天无论如何写不出来。那一会儿，对护士生活其实并没有接近和了解，可是凭着一股子热情写了那样歌颂护士的文章。今天知道得多了，世故了，反倒没有那种热情了。

在医院门外遇见林呐同志①（他听我的劝告找中医杨大夫看了看），听我说从孙犁同志家中来，他立刻告我一事：前不久有人写一批评文章批评孙犁同志的全部作品，大概是全部否定，指摘得很严，投寄《红旗》。《红旗》编辑部准备要发表，浩然在文艺部工作，知道后提出缓登意见，说作者已病多年，恐怕接受不了。后来，大概又经过更高级的领导批准，就没有登。但因此林呐同志担心早晚会有一天要发表出来的。

10月3日

上午到杨循同志家，说起孙犁同志要给"发妻"购置八百元的棺木送回老家安葬。报社石坚同志很为难，怕影响，打电话叫杨代为劝阻。我闻听之下，主张我们这些老友组织治丧委员会似的名义替他处理此事，绝不能那样做，以免造成"典型"。下午到孙住处，杨找石坚同志言明此议。我找小平暗示这道理，叫她想法安慰其父。母病没办法挽救了，不要再把父亲弄倒下。

晚上到亢之同志住处。他为孙犁同志妻事以及孙的生活，都用了很大心思。孙已病十年，如果没有王

---

① 林呐同志，时任百花文艺出版社社长。

的照顾,那不堪想。因此我们更应注意,不可成为他的包袱。王也劝我休息,不必再参加"四清"。

10月18日

到孙犁同志处坐了会儿。房管局给他找了个新住处,下午一同去看。环境不好,楼下是吴佩孚部下的"遗老",过道里挂着傅增湘、潘龄皋的横匾,楼上是穿港式裤子的。

11月25日

远千里同志来,同去看孙犁同志,又去省医院看孙犁夫人。

12月19日

晚九时亢之、许明夫妇来玩了会儿,嘱我注意孙犁同志,怕他因老伴病受影响。又说有急病可叫孩子找他们想办法。

1966 年

1月3日

晚到孙犁同志处坐了会儿。

1月25日

下午陪路一同志去孙犁同志处闲聊。

2月24日

上午找陈乔同志,陈的大门挂着圆锁。孙犁同志说他"四清"后病倒下了,没上班。不料院门深锁。

5月4日

读冉淮舟写的《美的颂歌》(一九六二年五月号《新港》),这是一篇典型的不"一分为二"的捧场文章。

1966年

5月22日

下午到俱乐部,月季花开得正鲜艳。黄昏时分正要返家,走到新剧场前,孙犁同志乘吉普车来到,他找亢之同志未遇,转找我。听说我来俱乐部,即找了来。

同孙看了看盛开的月季花,返我住处,我赠送他一盆蓓蕾初开的深红色月季花。

6月26日

上午林呐同志来扯了会儿,他带着读者对《铁木前传》的批评给孙犁同志看。孙犁同志还像住在世外桃源。

7月29日

下午看韩映山的作品。《一天云锦》看完了。从"文化大革命"检查作品的问题的角度看,只发现了《园田曲》里有个"三包一奖"的名词。

韩映山是模仿孙犁的。新人新事新风光,有的加点儿女情,倒是很富有诗意。

万国儒也是学孙犁的。但是把一些工人形象写得很畸形,因而歪曲了工人阶级的形象。韩映山把新农村新人物写得很有诗意,又很有社会主义、共产主义风格。

王林日记辑录之一：我与孙犁四十年

从艺术形式上属于散文诗，在革命的现实主义和革命的浪漫主义的结合上，有一定的成就。可以说是具有孙犁风格的青年作者。

所谓"孙犁风格"，一般地指不写重大题材，有意避讳尖锐的、复杂的、火辣辣的民族斗争和阶级斗争，而只写新时代的新人新事新风光，再加一点儿女情。儿女情也是淡淡的，像一缕轻烟一般缥缈，引人相思，引人入胜。但是不会令人"梦寐以求"，或者产生香艳的低级的肉感。

正面人物淡淡的，有诗意，但无强烈的光芒和色彩。反面的人物却一个也不写。要写，也只是轻轻地叙述一下。建立在斗争哲学（辩证唯物论、矛盾论）上的无产阶级文学，固然不能提倡这种回避矛盾、回避斗争的风格，可是，社会主义、共产主义社会里就不许这种歌颂新人新事新风光的很富有诗意的散文存在？

冉淮舟的情况，又有不同。他在《美的颂歌》[①]里，

---

① 王林5月4日的日记中，已经提到我写的《美的颂歌》。为了说明这篇文章惹出的风波，兹将我为2012年百花文艺出版社出版的《铁木前传》纪念版《评〈铁木前传〉》一文所写附记，移录如下：

五十年前，我在南开大学中文系读书时，写了一部书稿《论孙犁的文学道路》，一九六一年快毕业时，把它投寄给《新港》编辑部。主持编辑部工作的副主编万力看过后，决定选发其中关于《铁木前传》的章节，并且因为这部书稿，我毕

1966年

业后被分配到《新港》当了一名编辑。

《评〈铁木前传〉》一文，排出了清样，却未发表。那时孙犁的作品，仍然处于一种风雨飘摇之中，尤其是对于《铁木前传》，批评的声音可谓此起彼伏。天津的刊物发表高度评价这部作品的文章，在全国会引起怎样的反响，编辑部不能不慎重考虑，万力便将稿子送请天津市委宣传部主管文艺的副部长方纪审阅。方纪写的小说《来访者》刚刚受到一场批判，心有余悸，担心发表为《铁木前传》叫好的文章，有可能招来麻烦，表示不同意发表此文。显然，方纪是出于一种无奈，实际上他对《铁木前传》是极为赞赏的。一九五六年夏天，孙犁写完这部作品，首先交给了《新港》，未被采用。孙犁又把稿子交给了秦兆阳，发在了《人民文学》上。这期间，方纪正在南方采访，回到天津后严厉批评了《新港》编辑部的负责同志，称赞《铁木前传》是"大作家成熟的表现"。

万力心有不甘，他让我根据《论孙犁的文学道路》这部书稿，写成一篇文章，这样再来谈《铁木前传》就不那么显眼了。于是，我便遵照万力的意见，写成一篇《美的颂歌——孙犁作品学习笔记》，以纪念毛泽东《在延安文艺座谈会上的讲话》发表二十周年的名义，刊登在一九六二年五月号《新港》上。

河北省委宣传部主管文艺的副部长远千里，看到这篇文章和我协助孙犁编辑出版的《津门小集》后，在《河北文学》编辑部讲话时对我予以表扬，并责成《河北文学》发表孙犁为《津门小集》写的后记。还让在《河北文学》编辑部工作的我的同乡好友苑纪久，陪我去他家里见面谈话。在一天下午，纪久和我去了千里家里，在整个半天的谈话中，除了千里对纪久和我的写作与读书,讲了许多鼓励与希望的话,另一个话题就是孙犁及其作品。当我讲到,《新港》收到一篇批评《铁木前传》的文章,作者是一名刚从北京大学中文系毕业的青年文学评论工作者,文章针对小满儿这一人物,题目就叫《一个令人迷惑的形象》。这时千里用冀中平原家乡话,半开玩笑地说:"甭搭理他!如果把小满儿介绍给他做对象,我看他怕是巴不得的呢!"这句话充分说明,千里对《铁木前传》是何等欣赏!

没想到,因为我在《美的颂歌——孙犁作品学习笔记》一文中说,孙犁作品的巨大艺术力量,源于他写出了劳动人民的人情美和人性美,在"文革"前的突出政治大讨论中,被批判"打着纪念《讲话》的红旗,公然宣传了资产阶级唯美主义和修正主义人情味、人性论",被定为"毒草";我也在随后的"文革"运动中,被打成《新港》黑帮集团。

"文革"结束后,在孙犁指导下,我对《论孙犁的文学道路》这部书稿做了订正和增补,由陕西人民出版社作为"中国现代作家研究丛书"之一,于一九八二年出版;《美的颂歌——孙犁作品学习笔记》一文,也被一些孙犁作品研究专集选入。这篇《评〈铁木前传〉》,是从《论孙犁的文学道路》一书中选出的一章,为保持原貌,一字未动,只是采用了当年《新港》拟发时的题目。

以上所述,都是有关《铁木前传》的一些轶事,读者同志们可能会感兴趣吧!

1966年

打着纪念《讲话》的红旗,公然宣传了资产阶级唯美主义和修正主义人情味、人性论。冉的散文小说里也公然提倡了那些。

1967 年

3月1日

关于王亢之的材料……

王亢之与孙犁的关系:孙这些年来总是闹病(据说是精神分裂症),在闹病这些年中,孙在《天津日报》社受到额外照顾,一因孙是《天津日报》社的老同志,二是王亢之的特别关照。《天津日报》社是王的老班底,王又是市委书记,对孙的态度当然要影响《天津日报》社的全体人员。一九五八年"锣鼓文学社"批评孙的《铁木前传》为"毒草",据说王保了一下。(又有传说省委宣传部远千里副部长保了一下。传说不一,我也没有对证过这件事。)总之,王对孙也是照顾多,批评少,生活上的关心多,政治上的严格要求少。

1970 年

5月2日

赵文彬同志、孙犁同志来玩,赵说关于学生分配的阶级斗争及解学恭同志的批示,是市上山下乡办公室在河北宾馆会议上谈的。

9月1日

八月三十日到西山北京军区,为孙犁同志老伴的事找到魏巍同志。

9月2日

午间请孙犁同志来,把魏巍夫妇物色的张保真同志的情况转达给他。孙犁同志考虑结果认为值得进行,因此复魏一信表了态。张,我认识,一九五七年(?)与张桂同志结婚时见过。

9月5日

下午遇冉淮舟同志①，谈到孙犁同志的情况。冉极有全局观念，对天津市的新旧创作力量甚是关心和热情。

晚饭后再找王曼恬同志②……淮舟同志此时正在王处，谈起孙犁同志的情况，乃约定明日下午三时召孙来谈谈。

9月6日

下午三时同淮舟同志到孙犁同志处，孙从三日就发烧卧床，到今日尚未上班。

同淮舟同志到王曼恬同志处谈孙犁同志近状和今后安排问题。王答应与政治部考虑。

9月13日

晚饭后到孙犁同志处，十几天的感冒和泻肚子，好

---

① 此时冉淮舟正在河北涉县太行山区天津钢铁建设基地深入生活，和工人同吃、同住、同劳动，接受再教育。此时回天津汇报。

② 王曼恬，"文革"前任天津文联副秘书长，此时负责天津市的文教工作。

了,今天精神很活泼,也爱说话了,着急魏巍同志为什么还没有回信。我说我考虑这个问题了,回信慢可能是好事,因为对方在矛盾和考虑了。如果对方一听就拒绝了,那倒可能回答得快。或者是在交换意见——魏巍夫妇和张对此事,总得事先交换几次意见才能明确回答老孙的。

9月20日

颂英今日开始到"三毛"上班,上午八时去的,下午六时半才回来。回来说分配到幼儿园当保育工人去了。工作很轻,很卫生,可是颂英愿干艰苦的工种。

孙犁同志打发小玲送来一条鲤鱼,正好庆祝颂英上班。

11月1日

下午到孙犁同志处转,他说王干之同志受到王曼恬同志严肃批评(在市文化系统活学活用毛主席著作代表大会上)的一篇描写锻铸厂"六千吨水压机"的报告文学,曾送到本厂革委会负责人审阅过,也由报社革委会负责人阅过。我很想找来学习——从反面学习一些水平,但不容易找到了。

报社资料室的转业军人于振瀛同志以解放海南岛为历史背景的长篇小说,王曼恬同志转给天津人民出版社(我亲见申文钟同志接收的)审阅。老孙说:人民出版社审阅后要转给《天津日报》副刊组处理，副刊组不接受，问他们审阅的意见，他们回答说有两千字可用（全部小说稿有二十多万字），只有用木船攻打敌人军舰的那两千字可用。作者曾找孙犁同志谈过，他对于所有描写战争的小说都看过，认为都不行。他要用小说描写毛主席的战略战术。言外之意，他要超过那些作品。主观愿望与客观效果，距离何其大也！但人民出版社的意见，也并不是板上钉钉。

11月12日

接到孙犁同志今晨写的信："昨接老魏[①]来信，略谓：朱彪[②]同志在北京开会……在电话中，朱彪同志主动说：王林同志孩子[③]工作问题也要解决……"因此我也放心了，但也要做两手准备。

12月8日

下午孙犁同志来，说王干之同志到出版社又听说（关于于振瀛的小说）他们看了还不错。这跟上次的

---

① 老魏，魏巍。

② 朱彪，时任天津警备区司令员。

③ 王林在津四个孩子，前三个王端阳、王克平、王庆友都分别去了黑龙江和内蒙古插队落户，他要求王颂英留在天津，以便照顾自己。

说法大不同了，可能更多的编辑看了，有不同的意见，说好得多了。

12月14日

下午孙犁同志来，说小玲已由警司分配到佟楼一军工厂劳动去了，他算去了一块心病。

12月21日

孙犁同志的儿子昨天结婚，预先特通知我这一天不要去。今午打发儿子约我去小饮，席间谈到"工人蒋子龙"（发表时改署"田重"），……转业军人……现在重型机械厂当工人劳动。石坚同志约来的稿。

十七日晚上我走后，《天津日报》第一把手王亭同志即带副刊某编辑到王处亲领指教。王竟无意中说我看过，也很欣赏。因此孙犁同志早知我看过。昨日（星期日）根据王曼恬同志召开的工人作者座谈会，有一条不叫老头参加。报社负责人特向孙犁同志解释：约出版社的编辑参加了，是指的不叫出版社的老头参加。总之，老头都不吃香。

也约王干之同志参加了，因为他的负担很大，下厂劳动，有人背后说他是犯了错误下来的。王曼恬同志特约他来参加，也是过细地做思想工作。孙说座谈会上，两篇报告文学对照着讨论的。

1971 年

1月21日

《天津日报》革委会赠送我一本内部学习书籍《新闻文选》,是毛主席从一九四一年四月五日到一九五六年十月二十五日写的新闻稿。很多文章以前看过,但不知是毛主席的手笔。今读之,兴趣更浓。

据老孙①说这本书不易赠,幸蒙他和柳心同志的大力支持才使我得此红色宝书,特在此致谢。

8月30日

魏巍同志谈了谈孙犁同志与张保真同志要结婚的情况。魏希望老孙到江西转转。

---

① 老孙,孙犁。

1971 年

9月18日

晚上看孙犁同志。他说下星期二即去石家庄与张保真同志举行婚礼,这样我也就放心了。

1972 年

4月21日

上午在中国大戏院接待室，王曼恬同志亲自主持着座谈了京剧本《芦花寨》的修改问题。

下午在电影公司观摩了旧片《野猪林》和《群英会》。

4月29日

上午京剧《芦花寨》修改小组开会时，我把《火烧军火船》的故事梗概讲了讲，孙犁同志说还是当时写的这种剧本合情合理，现在对当时的事有点儿忘了。其他同志在听的时候情绪也很集中，看来印象较深。

四月十日在创评组谈意见时曾以此故事表示了自己的态度。在王莘同志通知我参加此创作修改组前，我曾多次听说领导基本上肯定了这个剧本，并说改时不要伤筋动骨。而在二十一日王曼恬同志指定孙犁同志负责将此剧改好之后，我们几次开会，也是在不"伤筋动骨"之下谈修改。昨天孙犁同志提出有点儿伤筋动骨的意见，原剧作者即表示了不同意，一连问："什

1972年

么叫领导上肯定的基础是好？……"意即不要大动，修改得合理一些就行了。

古人（魏晋时代）假托古人（更古的人）著书立传。我即假托《火烧军火船》是抗日战争时代村剧团写、我加工过的话剧本，拿出自己的否定旧本、完全重新结构的具体意见。老孙连问何时写的，他大概也有所觉。

5月5日

继续讨论京剧本《芦花寨》①。

6月20日

五月二十四日孙犁、赵大明同志乘汽车来到新安县。

二十五日乘船到寨南村临河新房内。

这些日子访问了新安除奸三杰之一的熊管、新安地下党支部负责人刘诚、专做敌工的曹阳、南六村当年的区委书记马仲秋（当时化名刘刚）的叔叔（马家祖、父、叔三人被汉奸、地主进行阶级报复杀害，我除奸团也对他们进行了镇压，斗争情况很典型）。

又访问了雁翎队当年的老战士、班长赵大珠（南刘庄）、郭里口堡垒户、当年的儿童团长、文工团员

---

① 讨论京剧本《芦花寨》，王林、孙犁都参加了。

张小霞。

到寨南后访问的对象更多。寨南是雁翎队三小队郑少臣（郑勇）队长的故乡，当年参加三小队者最多。

六月一日同何健雄、谢国祥[①]等去保年访问开拓安新县的县委书记侯卓甫烈士的爱人韩风（真姓车，高阳人，其兄也是烈士）、老党员鲁志均（女）、老区长李仁等。顺便看了看大刘参加演出的《烽火松林》。

六月三日返安新，四日访问三小队当年的政治指导员槐泽民。

五日开始讨论剧本提纲。

十一日转住王家寨大队。

六月二十日跟着冯爱奎局长的吉普车返回天津。

7月2日

上午同大刘看孙犁同志。

[①] 何健雄、谢国祥，何为创评室军代表，谢为天津市京剧团团长。

1972年

9月19日

上午在京剧团讨论"提纲"①。

下午到招待所找魏巍同志夫妇。孙犁同志也旋到。

---

① 孙犁在《戏的梦》这篇散文中,所写就是1972年参与天津市京剧团修改剧本《芦花寨》的情况。开始就讨论,"这就是目前大为风行的集体创作:每天大家坐在一处开会,今天你提一个方案,明天他提一个方案,互相抵消,一事无成。积年累月,写不出什么东西,就不足为怪了。""夏季的时候,我们到白洋淀去。整个剧团也去,演出现在的剧本。""但是现在,我身不由己,我不得不参加这个京剧脚本的讨论。我们回到天津,又讨论了很久,还是没有结果。我想出一个金蝉脱壳之计:自己写一个简单脚本交上去,声明此外已无能为力。""我对京剧是外行,又从不理睬那企图支配整个民族文化的'样板戏',剧团当然一字一句也没有采我的剧本。"孙犁写的剧本名叫《莲花淀》,已收入他的文集中。

1979 年

5月12日

写短文《今天挤破图书馆的门,明天就要挤破创造发明的门》,回忆天津解放初接管时期市总工会文教部开展工人业余学习教育的故事,其中写了黄克诚、黄敬和刘秀峰等同志的故事。

到《天津日报》社找孙犁同志时正遇见石坚同志乘69路车要去市委开会,相遇于报社门口,当面把稿递给了他。

这是那天开文联恢复大会,在主席台上石坚同志要我写写回忆黄敬同志的文章,由此引起我产生写这篇文字的。

10月20日

昨下午到孙犁同志处坐了会儿,已经半年不见面了,他赠我《晚华集》。今下午阅读,大部分在报刊上发表时看过。《阿凤散文集序》中所说的阿凤同志的特点，也是孙犁同志的特色。

10月27日

上周看了看孙犁同志，他说他今夏发现浮肿，但尚未检查是什么性的。前几天看李霁野同志，他是心力衰竭而曾住医院。今春开会时我听说他们今后计划，就曾感到太大。

孙比我年少，李比我年长，他们的情况使我警惕：要量力而为。我今后计划，一是争取《叱咤风云》出版。《腹地》在这次全国文代大会上争取平反，如能重新出版，也不做大的改动。能争取得这两本长篇出了版，吾愿足矣！

余生写点短小回忆文章，整理旧作，每日能到清静处打打拳，遛遛弯，夏天能找个凉爽地方，冬天能在背风处晒晒太阳，就得啦！

12月20日

见到艾文会同志，他说万力同志前些天把胡耀邦同志十月二十三日关于蒋子龙同志小说《乔厂长上任记》的批语，念给孙犁同志，引起误会①。

12月25日

到八一礼堂看电影《佐罗》后到孙犁同志家，我把我为《腹地》在全国文代大会上给大会主席写的信，请他看了看。他说《腹地》应当重新出版。整理出来后，我估计还得借重他的声望才能重出版。

---

① 这则简短的日记，包含着极为丰富的内容，应该引起重视。蒋子龙的《乔厂长上任记》等小说发表后，在天津产生了截然不同的两种意见，《新港》编辑部肯定、支持，《天津日报》否定、批判。主持《新港》编辑部工作的万力，看到时任中宣部部长的胡耀邦对《乔厂长上任记》肯定的批示意见后，去念给孙犁听，显然是希望孙犁能够以权威的身份发挥积极的影响。看来万力此举有所不慎，结果"引起误会"。看了这段日记，使我联想到孙犁在《关于编辑工作的通信》中对刘怀章和我严厉指责，后来又说"误会"我们，我们也"误会"他。这些，王林在后来的日记中还有记载，我也会再做注释。

1980年

2月29日

孙犁同志在重新发表《琴和箫》的后记中说:"真正的激情,就是在反映现实生活时所流露的激情,恐怕是构成现实主义文学作品的重要因素。"

我对《腹地》有"敝帚千金"之感,即如此。

3月1日

《天津日报》在第四版上转载了孙犁同志去年

十二月十八日《和青年谈谈文学和创作问题》[①]（原发表在《天津团讯》今年第一期上），声讨今天文艺创作上的抄袭跟社会上的小偷小摸一样。

孙如此声色俱厉，四十多年来我所见第一次！

6月9日

午《天津日报》文艺组李牧歌同志来索稿。我说我有件退稿《伊田与小宋》，说明内容，她说可以拿去看看。今下午把铅印打样再重新看看，改清错字，拟明天看孙犁同志时送去。

6月10日

上午同张逢时同志看孙犁同志。

---

① 《和青年谈谈文学和创作问题》，文末自注：1979年12月18日上午。载1980年第一期《天津团讯》，1980年3月1日《天津日报》转载，收入《秀露集》时改题为《新年，为〈天津团讯〉作》。这篇文章发表时，我已从天津调到北京工作，是后来在《秀露集》中看到的，没引起我特别注意；1981年协助孙犁编辑文集时，仍然不解其中深意。读了王林日记，我便找出这篇文章看了，主要讲的"抄袭"和"捧杀"的危害。最后提出希望："不人云亦云，不以耳代目，不跟着起哄。对新文学作品，也要如此。不看风头，不看势力。实事求是，用实践去检验一切。"

1980年

9月29日

赴八一礼堂看香港电影《马陵道》后到孙犁同志处坐了会儿。有人到青岛出差,买了两瓶崂山矿泉水,他知我喝凉水,赠给了我。

求他为自己的作品作序以登龙者,拒不胜拒。已调邹明同志回报社专编文艺增刊。老孙倒有兴趣把这个刊编好。

10月14日

刘绳、刘波二同志要出本冀中作家访问记,淮舟同志介绍找我来谈。我觉得我与孙犁、梁斌、魏巍等同志并列,很不够资格,一句话有点儿自惭形秽!拒绝了。今下午淮舟同志来说服了我,我得好好考虑一下谈什么。

12月15日

晚冉淮舟、刘绳同志来,把刘写的访问记叫我看看。同时送来孙犁同志1943年发表在《晋察冀日报》上的《二月通信》及后记。《二月通信》是复印的,淮舟同志在图书馆旧报中查阅很久才找到,弥足珍贵。

1981 年

1 月 29 日

今晨醒来又估计纠正《一二·九运动史》的文章，北大校刊未必给登，忽想起《天津日报》文艺专刊向我索稿，二十六日同张逢时同志看孙犁同志时，他又提此事，因而使我想到写《关于黄敬同志二三事》。

2 月 4 日

接到天津市出版局管蠡同志写的《孙犁传略》前九章打印稿。

2 月 6 日

读管蠡《孙犁传略》第一章，非常亲切，敢冒赞一句：出版后定成为杰作。

管蠡系笔名，真姓名：郑法清。

1981年

2月7日

读完《孙犁传略》前九章。九章之中只提了我一句对《现实主义文学论》的"开玩笑"话,这太好了,以免有"附骥尾而上青天"之嫌。

3月13日

下午《孙犁传略》作者管蠡(郑法清)同志来谈补充孙犁同志的历史情况。

9月5日

下午与万力同志看了看孙犁同志,今年伏天酷热,老孙也够呛的,小鸟热死了。

1982年

1月5日

大会①上午选举,下午宣布选举结果,我继任作协分会理事。理事开会,选孙犁同志为主席,我也忝列副主席之列。由于市委亲自掌握,开得还顺利。

1月6日

上午,代表团长张光年同志②讲话。
鲁藜同志代表主席团致闭幕词。
照相留念,美中不足的是主席孙犁同志未参加。

---

① 大会,作协天津分会第二次代表大会。
② 代表团长张光年同志,时任中国作协党组书记。

1982 年

3月1日

史立德同志住在天津宾馆参加全国工交会议,下午来访,同去看孙犁同志。

6月5日

《新港》5月号冉淮舟同志对于《腹地》的短评,看到。文中仍以孙犁同志当年的评价视之。他不主张改。今改出新稿,修书一封,商请他看一看。

6月28日

下午冉淮舟同志来谈吕的那篇文章①问题,我主张要写成《史记》式的,不要写成《资治通鉴》式。那

---

① 吕的那篇文章,吕正操的《创建冀中平原抗日根据地》,在《人民日报》发表。得到王林给予我如此高的评价,颇感欣慰,又觉不安。幸运的是,1961年我走上工作岗位后,就直接受到王林、孙犁、梁斌这三位从家乡冀中平原走出的前辈作家的指教,并结下忘年之交。1963年,我还真以助手的名义协助梁斌修改《播火记》,根据他的口述,起草了这部书的后记。如果王林不是在1984年七十五岁时逝世,在他撰写计划中的规模宏大的回忆录时,我一定会协助他做些查阅、核实、订正史料的工作。这真成了我的一件憾事!

么四平八稳，谨小慎微，不能感动人。

冉又谈到《腹地》新稿对白玉萼修改得比原本好得多。孙犁同志得此助手，一生何其幸也！

7月2日

冉淮舟同志午间来，要参加中国作协当会员，需要介绍人签字，孙犁同志不在京，叫我签字。我当然乐从。他又叫我在铁道兵自学成才的青年诗人李武兵的申请书上也签上名当介绍人。

7月31日

下午到二五四医院看李克明同志（他已看到《腹地》新稿三十章）。看孙犁同志，看到文集①样本。

8月21日

百花出版社赠我一套《孙犁文集》，我先寄给克平了，以飨国际研究孙犁的专家的渴望。

8月26日

重读孙犁同志的《二月通信》并后记，感触甚大，

---

① 文集，即《孙犁文集》。

1982年

写出《一封难忘的信——祝贺〈孙犁文集〉的出版》,誊清寄给《天津日报》文艺周刊。

9月17日

《难忘的一封信——祝〈孙犁文集〉出版》,已登出。

10月13日

下午同鲍昌同志看了看孙犁同志,他在国庆节患感冒,迄今仍不断咳嗽。

12月12日

午间冉淮舟同志来,谈到孙犁同志在今年《人民文学》十月号发表的记述他做编辑工作的史话,"烧了"冉和刘怀章同志①一下。冉认为老孙把自己和怀章视为"四人帮"的残渣余孽,忍无可忍,已写好"绝交"书。我劝他冷静一下,尽可能迟地再发。冉这些年来奔走各地图书馆搜集、抄写孙在战争期间发表的文字,十分辛劳。冉若与孙"绝交",孙的神经要吃不住。

---

① 刘怀章同志在《王林同志的品格》一文中写道:

王林日记辑录之一：我与孙犁四十年

1972年，我从河北调到天津，担任创评室副主任兼支部书记，和淮舟一起主管《天津文艺》杂志的工作。"四人帮"倒台后，我们两个人面临着"说清楚"，接受批判。批判会一个接着一个，没完没了。开这些会时，创评室六十个人都得参加，发言人有的实事求是，有的无限上纲，王林同志坐在会议室的角落里，始终闭口不说话，看得出他对这种做法有不满情绪。因为他是一位革命的老作家，主持会的人拿他没办法。有一次散了会，已经夜晚十点了，他在我背后伸手捅了一下，我跟他到旁边一个小院里，他说："怀章，你和淮舟不要有压力，政治运动都这样，闹一阵子就过去了。"……

清查折腾了两年，文化系统召开群众大会，宣布我和淮舟"说清楚"了，都是执行路线，没有问题。之后不久，传出一首快板诗："天津二怀（淮），大戏一台；清查二年，一清二白。"后来得知，这是出自王林同志之口，他开玩笑说的，讽刺一个接一个的批判会。

我在为怀章的散文集《绵绵岁月情》所作序文中写道：

在怀章调来天津之前，孙犁同志的很多事情，一些书稿的编校工作，主要是由我协助——这样的情况，有十年之久；在怀章调来天津之后，孙犁同志一些生活方面的事情，就由怀章和我来协助了，他有时写信，就是"怀章、淮舟同志"——这样的情况，也有十年之久。本来好好的，可能有人制造谣言，搬弄是非，孙犁同志突然写了一篇文章，题名《关于编辑工作的通信》，发表在《人民文学》上。在这篇文章中，孙犁同志对怀章和我严厉指责，说怀章和我在一次《天津文艺》

召开的编委会上,对他不敬,让他耿耿于怀;后来在处理他写的一篇散文稿件上,颇为不恭,惹他大发雷霆。怀章和我看过这篇文章,分别给孙犁同志写了一封信,一是说明他的文章所写失实;一是对他在一系列文章中点人过多提出意见。让怀章和我没有料到的是,孙犁同志看过我们的信后,更加气恼,立即连续写了《谈师》《谈友》等杂文,在《羊城晚报》"花地"副刊等报刊上发表,讲了许多意气用事、似乎失控的话。且有传言:"他俩(指怀章和我)想气死我呀!"见孙犁同志这种状态,怀章和我只好保持沉默,不能再说什么,以免火上浇油。后来,还是孙犁同志自己说,这是一场"误会"。此事已经过去三十年,成为文坛一件逸事。实事求是地说,怀章和我都各自有着这样那样的缺点甚至错误,但对待孙犁同志,我们敢说,问心无愧,无懈可击。就是发生这场"误会",丝毫也没有影响我们对孙犁同志的敬重与爱戴,我们将永远感念他对我们的提携与指教。孙犁同志逝世后,怀章和我一起去天津北仓送别。一进灵堂,泪水就模糊了我们的眼睛,既没有看清白洋淀乡亲连夜送来的带着露水的荷花,也没有看清孙犁同志的遗容,映现在我们心中的仍然是孙犁同志健朗的面容,爽朗的笑声。当我们向孙犁同志深深鞠躬时,泪水禁不住地流了下来。

1983 年

2月28日

孙犁同志以"孙芸夫"为笔名发表在《人民文学》今年第一期上的小说《幻觉》①今上午读了。小说中的"仙女"当然影射的张保真。不能说完全不是事实，

---

① 《幻觉》，这一篇主要是从经济问题谈起；后来孙犁又写了一篇《续弦》，则主要就是谈政治了。实际上，孙犁的这次婚姻（应该说是同居，没办登记手续），其破裂的原因，在我看来，主要是因为性格、生活习惯不同，以及年龄和身体的差异。后来二人闹起别扭，孙犁对我说："同居四天我就想和她分手。"离异前不久，孙犁让我和怀章与张保真谈一次话，看看还有没有可能继续一起生活下去。我和怀章到和平区文化馆找到张保真，听她哭诉了两个多小时。我和怀章没有说多少话，却真的感觉到她和孙犁不好再生活在一起了。我和怀章向孙犁如实汇报，并谈了我们的看法。孙犁听后，叹了口气说："那就分手吧！"

1983 年

也不能说完全是事实。例如"忽然有一位女同志推门进来",就不是事实。张与孙相识是魏巍同志介绍,我当"红娘"跑腿的,见面前通过不少信。小说中提到的"小香椿树"就是我给的,也确被坏小孩拔掉。在天津第一次见面,张回江西后,孙到我处说:"要上火车啦,又闹了场别扭。我说:'你这次来没有别的,我几百块钱没有啦!'她立刻气得不上火车了,跟我一笔笔地算起账来,闹了半天,都是给我买东西花的,她连一条小手绢也没有给自己买!"我听了当即说:"好家伙,你们'乐若乐兮新相知',怎么能那样说!我和大刘老夫老妻,大孩子都近三十啦,我要是那样说,她也得发火。她母亲住在我这里,给我们当家过日子,我有时候无意中说句:'工资没觉得花,怎么没啦!'岳母都受不了,就得跟我一笔一笔地算账。"孙大笑几声,也感到歉意。

5月14日

晚上同万力同志陪冯牧同志看孙犁同志。孙谈笑风生,比梁斌同志精神得多。今天他一气呵成三千多字的小说[1],可谓老当益壮!

院心花畦那株优良品种的月季花,一下开了两朵,色微粉而花大,连冯牧同志也说好!

---

[1] 小说,芸斋小说《修房》,文末自注:1982年5月13日晨。

7月16日

上午同马丁①同志到方纪同志处，马丁同志说昨天市委宣传部召开鲁迅奖金评奖会，会上通过孙犁、蒋子龙和我得"大奖"。王昌定、柳溪、冯骥才、刘航鹰等得优秀作品奖。

方纪同志说他看过《叱咤风云》，我问他看后印象如何，他嗫嚅地说："好！好！好！"我问他对周总理的描写如何，他又说："好！伟大！"这可是过奖了！

从方纪同志处转到梁斌同志处，又转到孙犁同志处。

马丁同志说，孙犁同志曾给鲁迅评奖委员会写信说："不评上王林，我也不参加！"马丁同志却解释说："无此信，早计划有你！"

8月11日

正在考虑把获得的鲁迅奖金一千五百元捐赠给什么群众团体，今日《天津日报》登出孙犁同志已捐赠天津市儿童少年福利基金会。我看我还是捐赠给天津市职工"三热爱"读书活动指导委员会，做购买补充书报之用。

---

① 马丁，时任天津作协秘书长。

1983年

奖金我托马丁同志转给了"三热爱"读书活动指导委员会。他们以天津市总工会宣传部的名义（盖章）给了我一封信。

同马丁、詹岱尔等看孙犁同志。孙说，今夏这般酷热，他也受不了（以前不在乎）。

8月19日

大刘十七日信说：十一日晨新闻联播就播送了这条消息（指天津市鲁迅文艺奖金和孙犁同志将奖金赠给天津儿童福利基金委员会事），当时《人民日报》也有消息，克平很敏感……马上跟我说：爸爸也得捐献，你看着吧！

10月11日

十月十日《人民日报》文艺评论版上发表了冯牧的《关于提高文艺创作的思想艺术质量问题》，读后甚感对口胃。

他说："世界上一切伟大作家，包括我们所尊敬的鲁迅、郭沫若、茅盾、巴金、老舍、曹禺这样一些老一代作家，他们有的很早就接受了社会主义、马列主义的思想，有的虽然不是理论家，但绝没有轻视理论。"

读到这处，使我想起一九三四年在北京三座门巴金住处，我与黄敬同志去找陆孝曾老校友，黄敬在桌上见一本列宁的著作,就觉得惊奇,打开看又发现有用铅笔改正的印错的字母,即问这是谁看过的书?陆答说:"是万家宝,亦即曹禺的书。"黄敬与我当时十分钦敬,因当时曹禺因刚在《文学季刊》上发表了他的著名的处女作《雷雨》而震动了中国文艺界。

"文化大革命"前,孙犁同志因病(当时李之琏同志尚未遭不白之冤而失势,尚在中宣部工作)在北京小汤山温泉疗养院疗养。我去看孙犁同志,在他屋中遇见曹禺同志,孙给我介绍(当时我认识曹禺,而他不认识我),我向曹禺提起此往事,曹当时甚惊异,但没有否认此事。

今天看了冯牧同志的文章,立刻想到要把这段故事写出来,证明这些大作家在解放前,也是抗日战争前,就如何重视学习理论,重视学习马列著作。封一封目前有些青年作家以不读马列经典著作为荣的口。

1984 年

2月1日

下午三时,陶萍同志预先约定的,吕坪同志(广东省文联党组书记、秘书长)偕夫人陪我与大刘去看望欧阳山同志。欧阳氏比解放战争年代胖多了。但吕坪同志夫妇说他健康不如前几年。欧阳自己说是腰部增生,越疼越不愿动。我听到之后说骨越增生越活动才能治好。

欧阳不爱多说话,问了问天津的老作家方纪、梁斌、孙犁等同志。

2月24日

接到张根生同志从长春写的信。说今夏去安平老根据地也是为了写点革命回忆录。约孙犁同志,孙说已行动不便。

2月26日

将短论《从人的价值看"现代派"文艺思潮》,寄给了孙犁同志,请他看一看,如可,就请他转给《天津日报》。

5月10日

安平县老县委书记刘其恒同志九日信通知我与张竹奎同志联系去安平参加党史座谈会乘汽车的集合地点,安平县委届时派汽车接北京的老同志。

我反复考虑再再,从北京乘汽车到安平必须七个小时多。安平老同志和趁此机会回故乡看看者当不会少。汽车上的拥挤可想而知,吸烟者造成的恶劣空气,恐比火车上尤甚。长途汽车路上,也常出车祸(如在广州电视上所见),孙犁同志坚决不出远门,不参加这种会,看来是很有见地。我也不能不向孙犁同志学习。

安平县委开党史座谈会,而我在安平并没有参加过当地的党务活动,在党史上并没有发言权,我去了只能对纪念县大队长王东仓烈士的小张庄战斗一稿再加工,或者参加个安平县文艺座谈会。

古人云:"七十不留宿,八十不留饭。"我今年已经七十五岁了,不能不有"自知之明"。同时脑栓塞形成的征兆越来越显著,冒险前往,岂非自寻苦恼?万一出现险情,也会给安平党史座谈会招待人员增加麻烦。所以还是"急流勇退"!

5月16日

晨操时听了赵紫阳总理在人大会上的报告,其中更明确地阐明了二中全会提出的反对和抵制"精神污染"的问题,使我最后放了心。三月间在广东从化温泉疗养院时就听见珠口市副市长(也是疗养员)向饶华同志说:"精神污染这个口号是否废啦,很久不见报啦!"表情的神气是希望废止这个口号。我当时就感到吃惊,并曾用脑子考虑。这时我已经给天津作协分会和《天津日报》孙犁同志寄出学习心得:《从"人的价值""人的尊严"看"现代派"文艺思潮》。

5月22日

昨晚看了任彦芳改编为电影剧本的《风云初记》(导演罗太),运用蒙太奇(镜头)把每个场面搞得还很热闹。也总算再现了某些抗日战争的风光。电影剧本原是两集,厂长不肯多出钱,硬叫导演缩成一集,剧作者说失去了小说原作的风格,并曾写信给孙犁同志不要看这电影(怕作者伤心),可是我看还是有孙犁同志的小说风格的:主线——主人公和主要故事,不太突出集中,而突出了一些有形象的片段;按理说应是以芒种和春儿为男女主人公,以他们之间的情节发展故事。可是前头出现几次之后,后却被田大瞎子的儿子田耀武、高疤、俗儿等的三角关系和低级趣味的故事占了主动地位。因此,使观众摸不清这部电影的主要人物、主要故事为何?

附录:

介绍孙犁的《白洋淀纪事》

××同志:

来信收到,你说你要练习创作,希望我给你介绍一本文学著作看。根据你的具体情况,我想向你推荐孙犁同志的短篇集《白洋淀纪事》。

孙犁同志是个有浓厚的地方色彩、有自己的独特风格的作家。我们冀中的青年更应当细心地读他的作品。《白洋淀纪事》是他从一九三九年到一九五〇年间所写的短篇小说、特写和散文集。一共有五十四篇,篇篇像女人头饰上的珠花,珠珠放光。其中的《荷花淀》,你在国语课本上也许读过。那么我就谈一谈我读这本书的感受,希望能引起你对全书的兴趣。

这个五十四篇的集子,字数才二十六万多字。在这二十六万字中间,作者刻画出六十多个性格鲜明的华北老革命根据地、从抗日战争到解放战争期间的农村妇女的各种形象。当然也同时写出了像李三(《村歌》)、邢兰(《邢兰》)等那种平凡而伟大的男性农民,可是塑造得最成功的是妇女。他成功地塑造出了"八路军来了,共产党来了,把人民的特别是妇女的旧道路铲平,把新道路在她们的眼前铺好"的过程,以及这些妇女在对民族敌人和阶级敌人斗争面前所表现出来的无比崇高的优良品质和自我牺牲的坚毅精神。

除了《荷花淀》,我首先喜欢的是《光荣》。《光荣》像一首优美的民歌,用笛子吹出,荡漾在冀中平原滹沱河两岸的水柳和芦苇中间。故事很简单,一个落后的女人见丈夫参军一去七八年没有音信,由于坏分子的挑拨,就成天跟公婆闹家务,"人家纺线,她站在一边闲嗑牙,……等婆婆推好碾子,做熟了饭,她来到家里掀锅就盛。"还闹离婚。妇救会干部秀梅来说,说她丈夫原生:"当兵是为了国家的事,是光荣的事!"她却无耻地回答说:"光荣几个钱一两?我看也不能当衣穿,也不能当饭吃!"秀梅姑娘说:"是,光荣不能当饭吃,当衣穿;光荣也不能当男人,一块儿过日子!这得看是谁说,有的人窝窝囊囊吃上顿饭、穿上件衣裳就混得下去,有的人还要想到比吃饭穿衣更光荣的事!"别的妇女也赞成秀梅的话。可是这个落后的女人用扇子一拍屁股说:"我等不来!你们能等可就别寻婆家呀!"因为这当儿秀梅姑娘正在有人说对象。

秀梅原来跟这个前方的战士原生是童年的朋友。在那两小无猜的岁月里,他俩还谈不到闹恋爱,可是在心灵深处都刻下了诗意的印象。原生参军是秀梅背着草筐到滹沱河滩荒地里割草,发现了一个国民党逃兵,跑回村来碰见原生,就动员原生去卡那支枪。那当儿，被压迫了多少年月的共产党人，刚刚在冀中平原上举起抗日的大旗，群众也正在风起云涌地响应这个神圣的号召，夺取从前线溃败下来而沿途抢掠、实际上成了土匪流寇的国民党逃兵的枪支。原生虽然才十五岁，却也像做游戏一样，从那个逃兵手里卡了一支枪。因为有了这支枪，原生参加了八路军，一出去就是七八年没有音信。由于父亲赌钱而封建包办下来的落后媳妇，离婚走开以后，秀梅为了安慰前方战士的家属，就经常帮助原生的父母干活儿。因为帮助原生的家里劳动，就唤起了潜伏在童年心灵里的爱情。童年，秀梅在河滩荒地上拾柴火，原生跟着爹在渡口上摆船。滹沱河在作者的笔下，明媚如画，而且充满了诗意：

大家知道，滹沱河在山里受着约束，昼夜不停地号叫，到了平原，就今年向南一滚，明年向北一冲，自由自在地奔流。

河两岸的居民，年年受害，就南北打起堤来，两条堤中间全是河滩荒地，到了五六月间，河里没水，河滩上长起一层水柳、红荆和深深的芦草。常常发水，柴火很缺，这一带的男女青年孩子们，一到这个时候，就在炎炎的热天，背上一个草筐，拿上一把镰刀，散在河滩上，在日光草影里，割那长长的芦草，一低一仰，像一群群放牧的牛羊。

在七七事变前，"她又想，小的时候，和原生在船上玩,两个人偷偷把锚起出来,要过河去,原生使篙,她掌舵,船到河心,水很急,原生力气小,船打起转来,吓哭了,还是她说:'不要紧,别怕,只要我把得住这舵,就跑不了它,你只管撑吧!……'秀梅叫原生卡枪的那一天,秀梅拿着"一把弯弯的明亮的小镰"也跟着去了。因为卡了枪兴奋地跑,秀梅把草筐和手巾丢了。晚上回去找,"那天黑间,两个人回到河滩里,寻找草筐和手巾,草筐找到了,寻了半天也寻不见那块手巾,直等那月亮升上来,才找到了。"卡了枪以后,秀梅说:"我们有一支枪了,明天你就去当游击队!"原生说:"对,我就去当兵。你听见人家唱了没?男的去当游击队,女的参加妇救会。"原生果然参加了八路军。

从这开始,这个十五岁的青年人,就在平原上夜晚行军,黎明作战,在阜平大黑山下沙石滩上艰苦练兵,在盂平听那滹沱河清冷的急促的号叫,在五台雪夜的山林放哨,在黄昏的塞外,迎着晚风歌唱了。

诗的童年生活和种在童年心灵里的友情,使秀梅把原生当成了理想。别人觉得"等着没有头",离开他了。她抱着最崇高也最坚定的心,拒绝了别的姻缘而等上原生了。别人认为等着是"无期徒刑",她觉得远征的人,"总有一天,一下子回来了!""有许多人把前方的战士,当作打了外出的人",秀梅要给这类人做出一个应当学习的"榜样"。因为她知道远征的人,"他们是为我们每个人打仗"。因为她认为"要是没有光荣，谁也不要光荣，也就没有饭吃。有的人，却把光荣看的比性命还要紧，我们这才有了饭吃"。才有革命的胜利。因为她相信："我们求什么，就有什么。"最后胜利一定是我们的。秀梅是个具有民族风格和共产主义精神的姑娘！

日寇投了降，秀梅跑去告诉原生的父母。老人听了欢喜极了，可是过了好久只见别人家的当兵的回来了，不见原生回来，就是始终相信自己的儿子会回来的母亲也动摇了。秀梅心里有说不出来的焦急，却安慰老人说："军队开得远，东一天，西一天，工作很忙，他就忘记给家里写信了。总有一天，一下子回来了！……"

果然有一天，秀梅正在帮助原生的父母在田野里劳动：

从南边过来一匹马。

那是一匹高大的枣红马，马低着头一步一颠地走，像是已经走了很远的路，又像是刚刚经过一阵狂跑。马上一个八路军，大草帽背在后边，有意无意挥动着手里的柳条儿，远远看来，这是一个年轻的人，一个安静的人，他心里正在思想什么问题。

马走近了，秀梅就转过脸来低下头，小声对老婆说："一个八路军！"老头子正仄着身子抽烟，好像没听见，老婆子抬头一看，马一闪放在道边的石墩子，吃了一惊，跑过去了。秀梅吃惊似的站了起来，望着那过去的人说：

"大娘，那好像是原生哩！"

老头老婆全抬起头来说：

"你看差眼了吧！"

"不！"秀梅说。那骑马的人已经用力勒住马，回头问："老乡，前边是尹家庄不是？"秀梅一跳说：

"你看，那不是原生吗，原生！"

"秀梅呀！"马上的人跳下来……

原生不但只是"一下子回来了！"而且因为"活捉了蒋介石的旅长，队伍里选他当特等功臣，全区要开大会庆祝哩！"

秀梅懂得什么是"光荣"，她也得到了"光荣"：

在原生的心里，秀梅的影子，突然站在他的面前，是这样可爱和应该感谢。他忽然想起秀梅在河滩芦苇丛中命令他去卡枪的那个黄昏的景象。当原生背着那支枪转战南北，在那银河横空的夜晚站哨，或是赤日炎炎的风尘行军当中，他曾经把手扶在枪上，想起过这个景象。那时候，在战士的心里，这个影子就好比一个流星，一只飞鸟横过队伍，很快就消失了。现在这个影子突然在原生心里鲜明起来，扩张起来，顽强粘住，不能放下了。

在全村里，在瓜棚豆架下面，在柳荫房凉里，那些好事好谈笑的青年男女们议论着秀梅和原生的姻缘，谁也觉得这两个人要结了婚，是那么美满，就好像雨既然从天上降下，就一定是要落在地上，那么合理应当。

这首民歌风味的诗篇,在我们冀中平原上永远吹起来,唱起来吧!它会像一只号角,召唤着我们冀中老根据地的青年男女们爱护"光荣",发扬"光荣"。你从这篇文章里,我也相信你会学习到如何描写和歌颂我们的"光荣"的人民的。

在《吴召儿》里,孙犁同志又给我们塑造了一个神仙山上的传奇式人物,无产阶级的"红孩儿"。她是一个山地贫农家的女孩子,女自卫队的队员,在上民校的时候还爱"哧哧地笑"。冬天反"扫荡"开始了,一群干部要打游击,村干部派了她这个穿红棉袄的女孩子来当向导。干部们很失望,村长有把握地说:"一样能完成任务!"果然,这个"穿着一件红棉袄,一个新鲜的白色挂包,斜在她的腰里,装着三颗手榴弹"的小姑娘,不单是对山涧的道路那样熟悉,而且勇健到像传奇里的人物:

天黑的时候,我们才到了神仙山的脚下,一望这座山我们的腿都软了,我们不知道它有多么高,它黑得怕人,高得怕人,危险得怕人,像一间房子那样大的石头,横一个竖一个,乱七八糟地躺着,一个顶一个,一个压一个,我们担心,一步登错,一个石头滚下来,整个山就会天崩地裂房倒屋塌,她带领我们往上爬,我们攀着石头的棱角,身上出了汗,一个跟不上一个,拉了很远,她爬得很快,走一截就坐在石头上望着我们笑,像是在这乱石山中,突然开出了一朵红花,浮起一片彩云来。

这个山地的小姑娘，真像《西游记》里的红孩儿那样有本领。初冬，"枣叶黄了，飘落着，树尖上还留着不少的枣儿，经过风霜，红得越发鲜艳"。吴召儿举手"飞起一块石头，那颗枣儿就落在前面地下了"。日寇"扫荡"队搜山，"像一条虫，在山脊梁上往这里爬行"。当放羊的姑夫"用大鞭把一群山羊打得四散奔跑，一个人登着乱石往山坡上逃"。吴召儿说声："我去截兔崽一下！"于是这个穿着红棉袄的小姑娘，"把棉袄翻过来，……像一只逃散的黑头的小白山羊了，……在那乱石堆中，跳上跳下奔着敌人的进路跑去。……那翻在里面的红棉袄，还不断被风吹卷，像从她的身上撒出的一朵朵火花，落在她的身后。"当那群反"扫荡"的干部，"从后山上跑下，来不及脱鞋袜，就跳入山下那条激荡的大河的时候，听到了吴召儿在山前连续投击的手榴弹爆炸的声音。"

这个山地的小姑娘，在大敌当前那么勇敢。日常生活却又那么乐观，风趣横生。在高山峻岭里打游击，最怕没有吃的。她感觉出那群干部对自己这个女向导有点儿失望，她尝了尝干部米袋子里的炒面，在自己的口袋里掏出了一把红枣给带队的说："你吃枣儿，你们跟着我，有个好处。""有什么好处？"吴召儿非常有信心地回答说："保险不会叫你们挨饿，……走到哪里吃到哪里。"爬到山半腰，带队人实在走不动了，"找见一块平放的石头，就倒了下来，喘了好一会儿，才能睁开眼。天大黑了，天上已经出了星星。她坐在我的身边，把红枣送到我嘴里说：'吃点东西就有劲了,谁知道你们这样不行!'到了山顶上她姑母家,打发干部们躺在热炕头上休息了,不多会儿,她就叫同志们吃了顿"香的,甜的,热的倭瓜"。"在这个时候,一顿倭瓜也是一种鼓励。"

这个穿红棉袄的姑娘,也并不是天不怕地不怕的。作者没有把她神化成传奇式的"红孩儿"。深夜在山顶上放警戒,当暴风雨袭来,她同放哨的干部藏在山石下边避雨的时候,"听到四下里山洪暴发的声音,雨水像瀑布一样,从平石上流下,……像钻进了水帘洞"。一同避雨的干部问她:"你害怕吧?"吴召儿断然地回答说:"领来你们这一群人,身上负着很大的责任呀,我也顾不得怕了!"是的,就是这一片崇高的共产主义的责任感,使这个无产阶级的"红孩儿"这般勇敢。正如作者所歌颂的:"她的话同雷雨闪电一同响着,响在天空,落在地下,永远记在我的心里。""她的生活和历史会在我们这一代生活里放光的。"

吴召儿是个成功的、读过之后在记忆里很不容易磨灭的形象。

《嘱咐》比《吴召儿》更短,连五千字也不到。篇幅中水生的媳妇,是另一种典型,她跟姑娘时代的秀梅、吴召儿完全不同。她上有公公,下有儿女,丈夫出征一去八年。她的心多么沉重,在她身上有多大的一副担子啊!抗日战争八年好容易取得胜利,蒋介石匪帮又依靠着美国帝国主义发动了大规模的内战,作者只写了这个叫水生的战士(后来当营教导员),趁军队向天津前线开拔的当儿,绕个弯回家看一看。

黄昏才到家,鸡叫三遍就得重上征程。文章写的不过是这样一个千金一刻的半个夜晚。可是读的时候,我所感到的是整个抗日战争八年的苦难和全国人民对解放战争满怀胜利信心的"深藏的志气"。

黄昏时候,他走到了自己的村边,他家就住在村边上。他看见房屋并没烧,街里很安静,这正是人们吃完晚饭,准备上门的时候了。

他在门口遇见了自己的女人,她正在那里悄悄地关闭那外面的梢门。水生热情地叫了一声:

"你!"

女人一愣,睁开大眼睛,咧开嘴笑了笑,就转过身子去抽抽搭搭地哭了。水生看见她脚上那白布封鞋,就知道父亲准是不在了。两个人在那里站了一会儿,还是水生把门掩好说:"不要哭了,家去吧!"他在前面走,女人在后面跟,走到院里,女人紧走两步赶到前面,到屋里去点灯,水生在院里停了停,他听见女人忙乱地打火,灯光闪在窗户上了,女人喊:"进来吧!还做客吗?"……

躺在炕上的女儿已经八岁了,可是还没有见过爸爸。战士走了很远的路,当媳妇给他做饭的时候,他还在屋里转来转去地溜达。媳妇说他:"你几年不容易啊!"战士回答说:"自然你们也不容易。"谈到老人:

……爹一辈子为了我们，八年你只在家里待了一个晚上，爹叫你出去打仗了，是他一个老年人照顾了咱们全家。这是什么太平日子呵？整天价东逃西窜。因为你不在家，爹对我们娘俩，照顾得唯恐不到，只怕一差二错，对不起在外抗日的儿子，每逢夜里一有风声，他老人家就先在院里把我叫醒说："水生家起来吧，给孩子穿上衣服。"不管是风里雨里，多么冷，多么热，他老人家背着孩子逃跑，累得痰喘咳嗽。是这个苦日子，遭难的日子，担惊受怕的日子，把他老人家累死，还有那年大饥荒，"……

久别如新婚的深夜里，战士听到了村中武委会在高房上吹起了喇叭："民兵自卫队注意！明天，鸡叫三遍集合，带好武器，和一天的干粮！"战士知道民兵集合是配合自己的部队，使他感到了"村庄的血液，人民的心，……壮大发展了。一种平原上特有的勃勃生气，更是强烈扑人。"

对于"闺中人"，丈夫真是像突然"从天上掉下来"，又"像天上的星星，在我眼前晃一晃"，又要走了。"闺中人"心情那么沉重，可不感伤。在大雾天里，地上堆满了霜雪，她用冰床子送战士归队，一边划一边说的那一番话，是替全中国的妇女说出的，是替所有的出征者的"闺中人"说的：

……你知道，我现在心里很乱，八年我才见到你，你只在家里待了不到多半夜的工夫，我为什么撑得这么快?为什么着急把你送到战场上去?我是想,你快快去,快快打走了进攻我们的敌人,你才能再快快地回来,和我见面。

你知道,我们,我们这些留在家里当媳妇的,最盼望胜利。我们在地洞里,在高粱地里等着这一天,这一天来了,我们那高兴,是不能和别人说的……

爹活着的时候常说,水生出去是打开一条活路,打开了这条活路,我们就得活,不然我们就活不了,八年,他老人家焦愁死了,国民党反动派又要和日本一样,想来把我们活着的人完全逼死!

你应该记着爹的话,向上长进,不要为别的事情分心,好好打仗,八年过去了,时间不算不长,只要你还在前方,我等你到死!

想想这是一个什么人说的。想想这是一个跟丈夫一别八年,这次离别后又不知多少年才能再见面的女人说的。她是把泪咽到肚子里,每一个字深藏着仇恨,也深藏着志气说出的。可恶的蒋介石匪帮啊!但是读后在我们的心灵里升起的,是更高的东西:我们的人民是不可战胜的,人民定能克服一切困难、消灭一切反动势力!

……她轻轻地跳下冰床子后尾,像一只雨后的蜻蜓爬上草叶,轻轻用竿子向后一点,冰床子前进了,大雾笼罩着水淀,只有眼前几丈远的冰道可以看见。河两岸残留的芦苇上的霜花飒飒飘落,人的衣服上立时变成银白色,她用一块长的黑布紧紧把头发包住,冰床像飞一样前进,好像离开了冰面行走,她的围巾的两头飘到后面去,风正从她的前面吹来,她连撑几竿,然后直起身子来向水生一笑,她的脸冻得通红,嘴里冒着热气,小小的冰床像离开了强弩的箭,摧起的冰屑,在它前面打起团团的旋花,前面有一条窄窄的水沟,水在冰缝里汹汹的流,她只说了一声"小心!"用脚轻轻地一用劲,冰床就像受了惊的小蛇一样,抬起头来,窜过去了。

祝福这样的刚健的妇女,在社会主义大跃进里,也像当初送郎上前线一般那样划着冰床子,摧起冰花,飞跃地前进吧!这样的妇女,我相信你在社会主义大跃进生活里接触得更多,看见、听见过得更多。我希望你也像孙犁同志那样敏感,那样迅速,那样精炼,又那样诗意地写出来吧!

不多说了。好东西还是自己吃,好花自己看。我举这三篇向你推荐,是为了引起你读全书的兴趣。并不是全书只有这么几篇可读。前面我已经说过,全书篇篇像女人头饰上的珠花,珠珠放光。不信,先读读看!……

(发表于1958年《读书》十一期)

王林日记辑录之一：我与孙犁四十年

《白洋淀纪事》的艺术风格

××同志：

九日信收到。你说你读过了《白洋淀纪事》，也觉得亲切可爱，有浓厚的冀中地方色彩。可是闹不清什么是风格，也闹不清孙犁同志的"自己的独特的风格"，是怎么一回事。

说来可笑，我嘴上也常说某某同志的文风如何，某某同志有独特的"文体"没有，风格高低如何。（文风、文体、风格，我查了查字典，都是指的文艺的形式问题。）你这么具体一问，我倒懵了。我向搞文艺理论的同志领教了一番，又向经典著作上找了找根据。我就把我这初步的理解和粗浅的看法，先大胆地摆出来吧。

毛主席的《反对党八股》和《在延安文艺座谈会上的讲话》，就是最好的论述文风、论述文体的著作，也是风格最高的文章。（当然了，这两篇著作的伟大意义，绝不只限于文体这一点点儿！你过去读过，今天再读一读，以后有工夫还应当读。详细研究了这两篇经典性的著作，就对文体有了个清楚的概念）。毛主席近来又教导我们做文章要有三性：准确性，鲜明性，生动性。这三性就把上述两篇著作里关于文体的问题，全部概括出来了。这种三性的高低、强弱，就是文章的风格（文体）高低、艺术性强弱的标准。每个作家有每个作家表现这三性自己的手法，就成了自己的独特的风格（文体）。

我又找了一本专门讨论文学创作的外国经典著作《别林斯基论文学》（梁真译）查了查。别林斯基说："文体是思想的浮雕性、可感触性。"这跟毛主席说的"准确性、鲜明性、生动性"，我看只是用语的差别，在谈文艺作品上，也就是我们嘴上常说的中国一句老话："如见其人，如闻其声。"我看孙犁同志的文章，三性就挺强，而且有自己的手法，使文章有"思想上的浮雕性、可感触性"。读完他的文章，文章里的人物就能叫我们"如见其人，如闻其声"。

那些特点，在孙犁同志的文章里，处处可以找到。全书你都读过了，我希望你再仔细读一遍《女人们》里的第二篇《瓜的故事》。这个小故事不过两千字，那里边的生活和人物又是你最熟悉的。

这篇文章，多少年以前我就读过，可是永远像刚刚读过。读的时候，也没有怎么激动，读完以后却永远忘不了。瓜园和瓜园的窝棚，在农村里是多么平凡的景物啊！到了孙犁同志的笔下就变得那么不平凡，那么有诗意。马金霞姑娘也是我们常遇到的农村姑娘，到了孙犁同志的笔下竟那样高出一头，在我的印象里一天比一天高大起来。

马金霞又坐在那看瓜园的窝棚里了，已经吃过了晌午饭,肚子饱饱的,从家里跑来的满身汗,一到这里就干了,凉快得很呐。窝棚用四根杨树支起来,上面搭上席子,中间铺上木板,一头像梯子一样横上木棍,踏着上去,像坐在篷子车里。

好凉快呀!马金霞把两只胳膊左右伸开一下,风便吹到了袖子里、怀里,窝棚前后是两亩地的甜瓜和西瓜,爹租来种的,甜瓜一律是"蛤蟆酥"和"谢花甜"种,一阵阵的香味送过来,西瓜像大肚子的女人,一天比一天笨地休养在长满嫩草的地上,那边是一个用来从河里打水浇地的架子,"斗子"悬空着。

一带河滩,是通南北的大道,河从中间转弯流过。……

读的时候,你会不觉得赤日炎炎似火烧,而瓜园地高高的"篷子车"似的窝棚里"凉快得很呐"!你不会像马金霞姑娘一样不觉地"把两只胳膊左右伸开一下,风便吹到袖子里,怀里"吗?你的嘴能不感到"蛤蟆酥"的酥味儿、"谢花甜"的甜味儿吗?即便那个从河里打水浇地的"斗子",不也像在自己面前河边的架子上,悬空挂着吗?

再说人物,那样有风趣,那样纯真的马金霞姑娘,你会忘掉?恐怕连她在窝棚底下唱的"不要你的金,不要你的银,只要你那抗日积极的一片心",也要永远回旋在你的耳边吧?"馋懒斜"那个从相貌到灵魂都丑陋的女人,你不觉得讨厌得连眼睛都不愿意抬吗?我们负伤的伟大的战士,见马金霞摘下"美丽的""血瓤的西瓜"送过来叫白吃,"黄黄的脸,……用微弱的声音诉说着这不好",作者虽然吝啬地用了几个字,可是该有多大的力量啊!我读完以后,觉得自己就是那个"黄黄的脸"的负伤的战士!一个耳朵听见"馋懒斜"可憎的声音:"买几毛钱的呀?"一个耳朵听见马金霞姑娘的歌唱一般的声音:"送给同志吃的,不是卖的。"我嘴里也就好像吃下马金霞姑娘的"瓜瓤是血红的美丽的"西瓜,而默默向人民宣称:"有你们支援着,甚么困难也挡不住我们前进!"

可是我不知道你读的时候,是否也有这种同感?这种感觉,我认为就是文章的"三性"所造成的。那种感觉越强,证明"三性"也就越强,文章的文体、风格也就越高。

你也许认为我举的这个例子,因为内容单纯,又很诗意,所以容易写。或者像有的同志说的,孙犁同志善于描写单纯的、诗意的生活,不长于刻画复杂的人物。那么我就举另外一个例子。在《村歌》里,双眉姑娘写得最鲜明、最生动。这姑娘在出身、成分、遭遇、心情和性格上也是极复杂的。但是作者不是用叙述家谱、解剖心理状态的口吻向读者推荐她的"复杂性"。请看看作者是怎样用几笔形象的语言,把她一勾就从纸上跳了起来的:

> 他(指小说中的区长老邴)听见吃吃的笑声,转过脸来,看见一个姑娘抱着一个小孩,正用青秫秸打枣,逗着小孩笑。这姑娘细长身子,梳理得明亮乌黑的头发,披在肩上,红线、白线、紫花线合织的方格子上身,

下身穿一条短裤,光脚穿着薄薄的新做的红鞋。

她仰着头望着树尖,像是寻找哪一个枣儿红得透,吃着可口,好动手去梆。

那姑娘准备好一个姿势,才回过脸来,她好像早就测量好了方位距离,一眼就望到区长的脸上,笑了笑,扔下青秫秸,和孩子哼哈说笑着转身走了。

简单明净的几笔,这个农村小城镇美丽的轻浮的姑娘,不仅只"好像早就测量好了方位距离,一眼就望到"读者的"脸上",而且也叫我们看穿了她的心,她的灵魂,她的全部复杂性格,她的一生发展道路和在身周围所可能发生的纠葛,叫读者为她担心、关心。我看这就是孙犁同志文体或风格的特点,也就是"准确性,鲜明性,生动性"或"浮雕性"、可"感触性"的所在。

关于孙犁同志的语言,我想也谈几句。毛主席在《反对党八股》里指示我们"非学习语言不可",语言要"语汇……丰富","生动活泼""表现实际生活"。别林斯基赞称:"普希金用俄国语言创造了奇迹。……他创始了新的字,赋予旧字以新的生命;他的形容词不但大胆、新颖,而且极为精确,数学般地精确。"从《白洋淀纪事》全书里,从上边引用的片段里,都可以看出孙犁同志的语言,就有这些特征。他的语言是中国优秀文学语言传统的发展,又有浓厚的冀中泥土气息,而没有陷于方言土语化。优美得像散文诗,同时又朗朗上口,像一个口齿伶俐的老祖母在月下讲故事,娓娓动听。朴素,凝练,凸出得像浮雕,生动得令人可以感触到。

语言是风格的主要因素。孙犁同志的独特风格,是和他在语言上的创造性分不开的。当然,他对平原劳动人民的熟悉热爱,他对华北农村风景的诗意的感受和描写,也都是使他的风格富于独创性。

这是我对风格的粗浅的了解,也是对孙犁同志的风格,特别是短篇的风格的粗浅的看法。不知道对不对,希望你下次来信提出你的意见。

一封难忘的信
——祝贺《孙犁文集》的出版

一九四三年二月,孙犁同志从北岳山区给我写了封信,因为当时敌后抗日根据地尚未建立民用邮电系统,而我又处在冀中平原反日寇大"扫荡"环境中,没办法传递到我的手里,只好发表在《晋察冀日报》文艺副刊《鼓》上。又考虑到我的处境,连真姓名也没有公开用,只加了个副标题《寄给一个没有到会的参议员》。这就是文集第七卷《杂著》中的《二月通信并后记》。

当时我自然没有看到,直到日寇投降后,孙犁同志由延安回到冀中平原,又得朝夕相处,他似曾说过写过这封信,但没有谈内容,我也没有留下印象。事过境迁近四十年了,冉淮舟同志像海底捞针一样地在各地图书馆旧报纸里搜集到这封信,并且复印了出来叫我看,我才看到内容。当时也只是觉得孙犁同志在此信中洋溢着对于战火纷飞的故乡和生死难卜的老友的关怀,深深受到感动,恨相见之晚。最近文集出版了,我又重读这篇短信,激动得彻夜难眠,觉得这封短信远远超出了对于故乡和老友的关怀,而是对于敌后抗日根据地晋察冀边区民主建政的颂歌,对于敌人闻之丧胆、而在人民中间平易近人、倾听群众意见的中共领导的画卷和礼赞。当时晋察冀边区参议会的大礼堂,不过是在穷山恶水的山沟里用苇席和竹竿、桄杆搭成的大棚。座位也是用白茬儿木板搭起的长板凳。时值公历二月,正是农历春节前后,寒流不来时,温度在零下二三十度。席棚四面透风,寒流过境时,飞沙走石,冷风砭骨。但,它是在敌后树立起来的,四周围是日寇控制着的铁路网,近处东北有北平据点,正东有保定据点,东南是石家庄据点。还有那些楔进山区的小据点,比如信中提到的口头镇,如果没有抗日三级武装的抗拒,日寇步兵出发几个小时就能窜到烧光这座席棚礼堂。敌机起飞后转瞬间就可以实施俯冲扫射、轰炸,而坐在这座大席棚里开会的是身经百战的传奇将军,是来自晋察冀边区各地各阶层的参议员,其中有上海创造社的创始人,有北平来的大学教授,也有边区国民党党部的负责人,当然也有边区各地工农妇青的代表。最年轻的二十来岁,最年长的已经鬓发如雪。济济一堂,讨论的是边区施政纲领。这纲领是"正义战争和民主政治的交流",是抗日战争最后胜利的保证,是"胜利后的新中国的种种预见",它"所培养起来的历史上无比光辉的果实,……将哺养我们这一代,到完全的幸福和自由的日子。"因而这个粗糙的简陋的参议会大席棚,在作者的心目中就对敌人是一种示威,对人民"多么富丽庄严"了。使参加大会的人在"心里、感情上栽种上甜甜的、神圣的、生命力的种子。从大会以后，在……心里，就有一种急剧的激动，那就是要求一种工作上的建树，一种对人生的新的义务……""走入一个新天地，……内心不断激发着热情和向往。"这是对于这个大会，对当时的晋察冀民主生活，多么庄严、壮丽的赞歌！作者的"自我感觉"昂扬着多么饱满的政治热情和政治洞察力呀！

这封短信不仅是首庄严的壮丽的赞歌，而且是幅庄严的、壮丽的历史画卷，我们革命战争年代的传奇式的将军们也栩栩如生地跳跃在纸上了。大会主席团之一的聂荣臻将军，从黄埔建校、东征，到北伐革命战争；从八一南昌起义、十年土地革命到抗日战争，都是战斗在第一线，为敌人闻之丧胆的传奇人物，在这个参议会上"对每一个农村来的参议员的发言，十分注意。你知道这个税则（统一累进税）上，尽是些数目字和百分比。他回过身去，和一个白胡子老人商量着、研究着，凝神考虑，突然爽朗地笑了""这几天情况很紧张，敌人出动几千兵力，蚕食行唐口头一带，飞机从山顶上轧轧飞过，聂每天还是静静地坐在主席台上，听着每一个参议员的发言，考虑着每一条决议。"这是多么平易近人、和蔼可亲，而又庄严奇伟呀！也就自然"在我的印象里，聂司令员和中国一些可歌颂的名将的风度，凝结成一个形象。这个形象，我是无比重视的""如同我最爱的作品的人物的形象一样，在我的心里站出来，为我的一切思想感情所拥抱。"

副司令员萧克将军呢，土地革命时期国民党报纸上把他和游击战争的天兵神将贺龙并称，而且经常排列在前面,如今"他也在写一部长篇小说。萧在我的印象里,是一个最漂亮的中学生的风度,而风度里的内涵,是一个天才的军事家。"着墨不多,却多么生龙活虎地富于个性,既亲切动人,而又英俊威武呀!这封短信,长不满三千字,在浩若烟海的七卷五巨册中,不过沧海之一粟,仍能给时代风貌和历史创造者以浮雕似的描绘,对于新中国的诞生放射出"种种预见",唱出了豪迈的胜利的歌、那么近百六十万字的文集当更光彩照人,因此我禁不住由衷地祝贺!

一九八二年八月二十六日

(发表于1982年9月17日《天津日报》)

王林日记辑录之一：我与孙犁四十年

孙犁给王林的十封信

第一封

王林同志：

蒙赠戏票，得观《刘巧儿》，实佳剧也。

此剧得保存陕北风光，如巧儿之父在舞台形象上，颇为真实。曲调上亦运用"刘子山"等调，情绪颇合。

巧儿演剧，自以过桥及采桑两场为好，盖其得天地之自然，能歌舞并进。其哭调采用越剧，实较京剧及评剧为真切。伴奏也好。前场与幕后的配合亦颇有剪裁。此剧较初演时已增唱词，恐愈演愈佳也。

专此
敬礼

孙　犁
一九四九年星期五

第二封

王林同志：

海滨来函悉。

今年特热，天津街上，如蚂蚁出洞，我以耐热著称，今年亦流汗不止。你事先到了寒带，还是有预见的。

《风云初记》无大进展，然前十节抄改数次，近

附录

日已觉定好了弦,不似开始之轻飘不定了。抄写稿子,也是消暑之一法,以伏天宜于练字之故也。

康濯已去大连。昨日李湘洲来,彼已为海运局某处处长,日后坐轮船可以找他。杨循已去北京。

我尚无动意,俟秋凉时,我仍想到农村去住。较为长远地打算一下,天津实难久居也。

孙小达对游泳颇有兴趣,每日带一馒头前去。孙小淼投考中学,答题情况不佳,傲慢之气已稍减。今年中学特不好考,好在她是小学五年级,考不上,原小学当可收留一年。小平上班太热,但幸未闹病。家中其他人等,均好。

专此
敬礼

孙　犁
一九五〇年七月二十八日

第三封

王林同志:

稿收到,当即看过,肯定是可以用的,写得不错。但因年前要登剧本,恐怕要在年后刊登。因此,你是否可以把打仗那一段压缩一下,因读来,虽写得火炽,但颇沉闷无内容也。你脑筋不好,我也可以代你删节,但不知是否同意,请决定后电知邹明即可。

昨日《人民文艺》刊一九二五年俄共决议一件,

前有按语，似乎我们的文艺政策要有新的决定了，不知看过没有。二十五年以前的经验，正好指导我们的理论，我看后很满意。我家中尚有陈雪帆一本《苏俄文学理论》，有便人当捎来，以便查考有关条款，与理论家们一争一己之长短也，呜呼，岂有此必要哉！

《风云初记》自信并非过眼云烟，热闹一时者，我恐不得好评，因不合已经如风云叱咤之空气状态。我有一个女弟子看了我的小说，说不如某某的，可见空气已经造成，而不按空气看事的读者甚为寥寥。

我当奋发完成此书，且计划不小。盖亦文人之通弊，希历史有所取择耳。

家母只是老病，来信已愈。家庭事甚为麻烦，近日颇有干脆之意。承问，甚感。

即复
敬礼

孙　犁
一九五〇年十二月二十九日晨

第四封

王林同志：

函敬悉，望安心休养，并时将青岛风光，写成短小文章，寄我们发表。《文艺周刊》即嘱邹明同志，每隔五期寄奉一次。然《风云初记》二集，则在坎坷进行中,一因情绪已不集中,文章有勉强的痕迹,二因报社内部对于这一长篇连载,也时有观感的意见,所以我时写时辍,有不再在报上发表的意思。然不发表,则无督促,一放恐即无踪影,故在矛盾中。此外身体亦不好,感情烦躁得很。

康濯去青,恐亦路经天津。田间归来,我想他快来了。

专此

敬礼

孙 犁
一九五一年五月十四日晚

第五封

王林同志:

信收到,我也要给你写信的,就是请你写一篇纪念七一的短文,关于抗日战争的生动故事就行。

康濯好久没来信。田间回来了,然慰问团还有很多工作要做,没有替班,他一时也许不能成行。

文坛除武训问题外,我认为重要者,一即魏巍(红杨树)归国后发表的惊天动地的通讯《谁是最可爱的人》,这真是能推动现实的文学作品。他的文章有普遍的共鸣性,其所以能写得出,除去一些别的条件外,在于他长期做部队工作,对我们的战士的心理和形象是有积累的感觉和感情的。

其次是萧也牧的倾向问题,陈涌的文章,想你已经看见了。

《初记》之停，一因我有此心情，二因我闹了一场病，症候像发疟疾，医生也按着疟疾治的，但发热持续近二十小时，病后我又不慎重调养。两个星期没得恢复，现在才能写文章了。当时本可以续登的，因为手头还有稿，但一想，就坡下驴也是中国人的好办法，就停了两期。现在又接着写了，不登也有好处，就是怕我这个人有时浮躁，有时又不能坚持，一放无踪影之可能，也是有的。当然要克服。

其他一切如常。范瑾同志调宣传部工作了，又少了一个鼓励我的人。

我母亲还好，老人心气儿很高，老愿意玩，我又是一个不爱活动的人，所以有时她也想家。小平去承印所折了两天半书页，一共挣了三千五百元薪资，又嫌累不去了。我说先叫她学习点文化吧。内人腹中有盲肠炎（慢性）的性质，她很信西医，每天往返于总医院、四医院之间，也许要动手术。总之，负责到底吧。

敬礼

孙　犁

一九五一年六月十六日

第六封

王林同志：

我自一月四日离津，五日返抵安国，日前又转移到城南六里东长仕村，此村过去有一香火庙，深、武、饶、安颇知名。村周围皆系沙岗，地质不好，农民生活尚不及城北。但干部多系五一时经过考验者，群众条件亦好。在淤村时，房东两代光棍，难见妇女音容。此次房东则系青年妯娌姑嫂四人，往来者亦物以类聚，皆系被提高之流。在淤村时，做饭要求旁人，在此，则帮忙的妇女有人浮于事，亟待精简之概。加以时迫五九，天气渐暖，实下乡者之福音也。然初来时，被村干领入一宽敞之冷屋，几乎感冒，仗近日抵抗力加强，未成病痛，亦颇玄也。因此，不再要求宽敞及卫生，乃与小毛驴同居，每夜嚼草之声颇为悦耳，溲便之味颇为刺鼻，小铃簧簧之声颇为扰人睡眠，喂牲口的人时出时入，凡此种种，在城市为万意可，在下乡为无可奈何，且系生活之自然音响节奏，文艺工作者不远千里以求者，岂可不及时采撷，以备创作时之需乎？卫生部已提出在一九五三年克服"人畜同居"现象，恐一时不易见诸实施也。

据邹明同志来信，小说尚未改好，不知近日进行如何？甚念，望告。前次返津时，路经定县地委，尝与林达宇同志晤谈，此次回来，因正值半夜，故未去打扰他们，到安国始知他已被调进京整饬，官场风波，实有不测也。专业创作，较为上策。

春节，敝眷属拟来家，如此，我将在故乡度旧岁矣。

下乡已近两月，因生活不定，油灯不亮，营养不足，未敢为文。康濯兄已从山西返京，拟写些短文，再为下去，分为两截下乡，自然也是一种变通办法。不知

王林日记辑录之一：我与孙犁四十年

你最近和他通信否？

专此

敬礼并致信大刘和小孩们

孙 犁
一九五三年一月三十日灯下书

第七封

王林同志：

来信敬悉。我行于四月底回天津，小说稿希于到津后再看，勿寄东长仕，因在村中，亦不能静读也。康濯尚未见行动，此次他到哪里去，也不得而知，俟他来信后再报。京中似在讨论社会主义现实主义问题，以及作家专业问题。对程咬金式批评（人谓该批评家等为李逵式，其实不然，李逵战斗，虽目标不明，然易于认清后即反省，且其战斗力亦实充沛。瓦岗寨英雄中，未有如程咬金之无能者，每逢上阵，速砍三斧，三斧不胜，则扭头就跑，故对付此种人物，必以不为其吓倒为得计。然程式在瓦岗，号称福将，活到八十，一笑而死，殆亦有其特色。）已有非议（见《人民文学》四期短篇）。鲁迅云，文学的一个要素为"韧"，前仆则后继，不骄不馁。

敬礼

孙 犁
一九五三年四月十五日

第八封

王林同志：

你离津前留信，收到。游泳证已让小达取来，但他近日因转塔碰伤了腿，不能下水，等小淼考罢中学后，他们一同去。

昨又收到你从北戴河来信，如此详细的调查报告，证明你有做事务工作的能力。

但目前我去不了，原因是《风云初记》处在一种困难的写作状态里，我要努力写到一个阶段，然后再做别的打算。《文艺周刊》发表了五节，这是因为是一个机会（七七），邹明为了刺激我的写作热情才拿去的，其实不是什么刺激，是加重负担而已。今后拟每遇一与抗日有关的机会，就发表五节，因为眼下，不在配合的名义下，登这种已被人认为非常陈腐的历史的题材，是非常不看势头了。另外，家中也没办法跟我走动，我是没有你的干净利落的。你先在那里住下吧，以后，我临时去了，可以有个落脚的地方就是了。

接康濯来信，文学研究所已改组，他已决定为全国作协之人员，拟与马烽伙租一小院当作家。他不久或去北戴河，你可能见到他。

专此
敬礼

并望常来信　孙　犁
一九五三年七月十一日

第九封

王林同志：

你费心为我写的赴青岛介绍信，从济南、上海旅行一次，又回到天津，我才收到。这因为你二十二号写的信，我二十一号已经在晚上回到家里了。我此次只到济南、南京、上海、杭州四处，总结起来用散文的形式说是：花钱、受累、看风景；用六朝文体说是：徜徉于山水之间，奔波于车站之上。在济南玩得最好，南京较次，杭州虽系高潮，但因已非常疲累，没有玩好，上海则因非常不惯，急于离开了。（住在国际饭店，那种生活方式，实在使人神经衰弱。）

我本来是要回济南转青岛的，鉴于太麻烦王希坚不好，且因上海车票不好买，一买到手就直车回津了。

回来以后，对外封锁消息数日，盖因修改《铁木全传》颇为紧张。此稿行前从报社领导要回（他们没看），拟在路上修改，但除在杭州灵隐寺因雨校改半天，没得动手，回来以后，突击五日，初稿完成，已交冗之同志审阅。其实没有多少字，只三万五千字，我前和你说"十万计划"，只能待后努力了。

这两天看了《十五贯》外，正学习《战争与和平》，作为修改《风云初记》的准备工作。这几年我浪费时间看了一些旧书，对创作没有什么用处。

介绍信存我这里吧，因为今后还是有机会去青岛的，备用吧。

专此
敬礼

孙 犁
一九五六年五月三十一日

第十封

王林同志：

来函敬悉，蟹爪兰事，考虑再三，还是在府上再养一年为宜，因为搬运工人虽在手下，然此君养花用科学方法，近已弄死两盆。她用浓度化肥，她喜欢哪盆——也就是长势好的——上得越多，因此死得也干脆，简直一点救治也没有，只好拔去。你费心养了这些年，长得又这样好，一改敝处，凶多吉少。这只好徐徐图之了。至于盆小，下瓦房有卖大盆的，换时就敲碎原有的，不能倒。

另外，你想法给我弄一小盆红色的令箭荷花，白色的，我实不喜爱。

专此
敬礼

孙 犁
一九七三年七月二十五日下午

王林日记辑录之一：我与孙犁四十年

王林在《风云初记》后的批注

一九三八年三月在台儿庄大会战，五月十九日徐州失守。五月下旬毛主席发表《论持久战》。秋，鹿钟麟、张荫梧到河北平原。九月二十四日日寇开始用二十五路进攻晋察冀边区北岳地区。十二月张荫梧向冀中人民"收复失地"，制造"十二月政变"，于是日寇乘机占领冀中腹心各县城及各大市镇。十月国民党完全退出广州和武汉。一九三九年一月国民党副总裁汪精卫公开投降日本。一九三九年二月蒋介石秘密颁布了"共产问题处置办法""沦陷区防范共产活动办法"等反动文件。

台儿庄大会战时，冀中军区曾派兵破坏铁路，以配合正面作战。本小说把拆城破路写在台儿庄大会战之时，与史实不符。不知用意安在？

冀中发动坚壁清野、拆城破路，是在一九三八年秋后，《论持久战》已广泛宣传，日寇开始进攻北岳区，大武汉不保——广州、武汉的失守，更加强了拆城破路的工作。因为顽固分子鹿、张等的造谣破坏，拆城破路、坚壁清野的工作，也充满了阶级斗争的内容，也是毛主席在《论联合政府》中所说的两条路线的具体形象。本小说轻轻一过，未免太缺少阶级色彩了。

从整个结构看来，写时似乎并无整个计划，只是写一段想一段。充满不少美丽的诗意的章段，然而整个企图，整个气势，是感觉不到的。长篇小说这样写是危险的！

王　林
一九五三年五月十二日读完在天津